多层次住房保障体系创新发展研究

——兼论公租房“南宁经验”

覃寿芳　李红　肖铁 ◎ 著

广西科学技术出版社

图书在版编目（CIP）数据

多层次住房保障体系创新发展研究：兼论公租房“南宁经验”/覃寿芳，李红，肖铁著 .—南宁：广西科学技术出版社，2023.2（2024.6重印）

ISBN 978-7-5551-1922-7

Ⅰ.①多… Ⅱ.①覃… ②李… ③肖… Ⅲ.①住房—社会保障制度—研究—南宁 Ⅳ.①D632.1

中国国家版本馆CIP数据核字（2023）第016747号

DUOCENGCI ZHUFANG BAOZHANG TIXI CHUANGXIN FAZHAN YANJIU
——JIANLUN GONGZUFANG “NANNING JINGYAN”

多层次住房保障体系创新发展研究
——兼论公租房“南宁经验”

责任编辑：赖铭洪　　助理编辑：谢艺文
封面设计：韦宇星　　责任印制：韦文印
责任校对：冯　靖

出 版 人：卢培钊　　社　　址：广西南宁市东葛路66号
出版发行：广西科学技术出版社　　网　　址：http://www.gxkjs.com
邮政编码：530023　　编辑部电话：0771-5871673

印　　刷：天津旭丰源印刷有限公司
开　　本：787 mm × 1092 mm　1/16
印　　张：16　　字　　数：220千字
版　　次：2024年7月第1版　　印　　次：2024年7月第1次印刷
书　　号：ISBN 978-7-5551-1922-7
定　　价：68.00元

前 言

改革开放以来，我国正在经历人类历史上规模最大、速度最快的城镇化，人们对城市住房的需求快速释放。住房制度改革之初，南宁市的住房供给严重不足，公有住房极其缺乏，人均居住面积不到5平方米的大有人在。改革开放之后，党中央高度重视解决城市住房问题，加快推进城市住房体制改革，城市居民的住房需求得到一定的满足，但是，中低收入群体仍然难以实现“住房梦”。党和政府十分关心这一群体的住房问题，对这一群体实行保障性住房政策，尤其是党的十八大之后，习近平总书记指出“让全体人民住有所居”，加快城市保障性住房建设的步伐，“只要还有一家一户乃至一个人没有解决基本生活问题，我们就不能安之若素”，要让城市低收入居民“梦圆安居”。南宁市与全国其他城市一样，积极推进保障性住房建设，同时结合南宁市自身的特点，在不同阶段出台有针对性的保障性住房政策，有效地促进保障性住房的发展，不断满足城市中低收入群体的基本住房需求。南宁市保障性住房建设发展卓有成效，尤其是公共租赁住房建设管理的创新，得到国家领导人的肯定，被称为“公租房‘南宁经验’”。

南宁市住房保障制度大致经历了四个阶段：1950—1992年，为萌芽发展阶段，以直管公房分配管理为核心；1993—2002年，为探索发展阶段，住房制度进行市场化改革，以经济适用住房首个保障住房类型的建设管理进行探索，建设主体由政府主导向政府和社会结合转变；2003—2015年，为高速发展阶段，经济适用住房、廉租住房、公共租赁住房、限价普通商品住房等各类型住房保障建设发展，齐头并进，百花齐放，住房保障模式由“补砖头”向“补砖头”和“补人头”并行转变；2016年至今，为调整发展阶段，不同类型的保障性住房顺应了时代发展要求，各自进行调整发展，限价普通商品住房停止发展，廉租住房和公共租赁住房并轨运行，暂停申请经济适用住房，重点发展保障性租赁住房。因此，本书根据南宁市住房保障工作的发展情况，将研究内容分为六个章节。

第一章绪论主要介绍保障性住房的定义、类型、基本理论，以及我国保障性住房的演变。第二章介绍南宁市多层次住房保障体系的发展历程及成效，重点介绍南宁市主要类型住房保障发展的演变和住房保障建设取得的成效，尤其是住房保障政策法规随着经济社会发展而不断调整，保障性住房建设和管理制度的完善过程，以及保障性住房管理服务的一些创新做法。第三章论述南宁市多层次住房保障体系建设形成“南宁模式”，这部分主要从建设模式、融资模式、准入模式、分配模式和管理模式等五个方面进行论述。第四章主要介绍公租房“南宁经验”，公共租赁住房建设管理是南宁市保障性住房建设管理的亮点，获得了李克强总理的肯定，本章节主要分析论述南宁市公租房建设管理模式的特征、主要做法、创造全国性影响的经验成果，公租房“南宁经验”为国家制定住房保障政策提供了经验借鉴。第五章主要从供给端结构性矛盾、管理服务等角度分析保障性住房存在的一些问题，同时，通过对中低收入群体的入户调查，分析南宁市本级城市困难群众和特殊群体对住房保障的期盼，预测困难群众和特殊群体对保障性住房的需求预期，以及困难群众和特殊群体对保障性住房建设和管理的愿望。第六章论述分析多层次住房保障体系创新发展的对策建议，主要从住房保障政策体系、住房保障管理机制、要素协调保障机制、住房保障高质量发展、住房保障监管体系和住房保障法规制度等六方面提出针对性的对策建议。

住房保障的目的就是解决困难群众最基本的住房问题，侧重点在于保障。近年来，我国住房保障工作发展迅速，很大程度解决了城市低收入阶层的住房问题。作者作为在住房保障系统工作了二十多年的实践者、管理者，经历了南宁市住房保障建设的发展变化，也取得了一些工作成绩，也算是为南宁市住房保障工作做出了一些贡献。在工作中，我们深切体会到，南宁市住房保障工作取得的成绩，主要受益于党和政府不断完善的住房保障政策，还有各级领导、广大人民群众对住房保障工作的支持。人民群众的满意，是我们继续做好住房保障工作的动力和信心。我们作为住房保障工作的直接参与者，很有必要与关心住房保障工作的人士共享南宁市住房保障工作的做法，以便检讨我们工作中的不足。如果南宁市住房保障工作的某些做法能够引起大家的共鸣，给大家一些有益的启发，我们将感到无比欣慰，这本书的出版也就有价值了。这也是我们研究保障性住房发展并出版研究成果的目的。

住房保障工作涉及的部门相当多，前期涉及自然资源、城市建设、财政、人才、社会保障等部门，建设阶段又有工程设计、项目施工、质量管理、室内外装修、配套设施建设等环节，后期又有资格审核、住房分配、后续管理等工作，协调起来比较复杂，所以，理顺各部门之间的关系、提高保障精准度、缩短办事流程、提高工作效率，不仅仅是优化工作环节，也是一门学问。随着时代的发展，保障性住房工作还有很多问题有待进一步深入研究，以便进一步完善我们的保障性住房政策。这也是我们开展保障性住房研究的初衷。

每个人都可以成为时代的“弄潮儿”！我们也紧跟时代的发展，期待探索出保障性住房更好的发展模式，不管是什么样的模式，“以人民为中心”始终是保障性住房建设管理的核心，尽力而为为低收入群体提供住房保障、量力而行为首府经济发展提供保障服务始终是我们保障性住房的目标。党的二十大报告提出，坚持房子是用来住的、不是用来炒的定位，加快建立多主体供给、多渠道保障、租购并举的住房制度。如何更好地实现这一目标，有待各界人士献计献策，从这方面出发，保障性住房有待深入研究，需要各界人士尤其是学术界持续进行学术研讨和实践探索。

蓦然回首，我们三位作者已经在住房保障和房产管理战线上工作二十多年了，也积累了一定的实践经验，未来，我们对推动保障性住房高质量发展有强烈的愿望和信心。我们有幸经历一个伟大的时代！一个社会不断变革、技术不断创新、经济快速发展的时代！一个中华民族从站起来到富起来再到强起来的时代！我们坚信，随着中国特色社会主义现代化国家的推进，南宁市保障性住房将会迈上更高的发展水平，保障性住房将会越来越好！人民对美好生活的向往将会不断得到实现！

出版这本书，仅作为我们南宁住房保障工作人员在这个伟大时代留下的一点印迹。如有不当，恳请社会各界人士批评指正，我们不胜感谢！

目录

第一章
绪论

第一节　住房保障的相关界定

一、住房保障类型的界定

住房保障是针对社会住房问题提出的制度化解决方案，即政府或者社会力量为住房困难的居民提供解决住房问题的帮助，助其获得期望的至少是可接受的住房，从而化解住房问题上的社会矛盾。1994年，国务院印发的《关于深化城镇住房制度改革的决定》(国发〔1994〕43号)中，提出了“建立以中低收入家庭为对象、具有社会保障性质的经济适用住房供应体系和以高收入家庭为对象的商品房供应体系”，首次形成了住房保障的概念。2003年，国务院印发的《关于促进房地产市场持续健康发展的通知》(国发〔2003〕18号)中，首次出现了“住房保障”一词。2021年8月，在国务院新闻办公室新闻发布会上，住房和城乡建设部宣布，我国住房发展取得巨大成就，累计建设各类保障性住房和棚改安置住房8000多万套，帮助2亿多困难群众改善住房条件，现已建成了世界上最大的住房保障体系。这意味着我国在住房保障建设方面取得了显著的成绩。

住房保障是特定时期解决特定群体的特定居住问题的保障。这个特定时期具有不同的阶段特征，特定群体主要是指中低收入群体，但具体范围会随着阶段变化而发生变化，特定居住问题是关于最基础的居住条件的问题。因此，政府在不同时期帮助特定居民解决基础住房问题的所有举措都可称为住房保障。

根据保障方式划分，保障性住房可以划分为租赁型保障住房、销售型保障住房和更新型保障住房三大类。其中，租赁型保障住房包括廉租住房、公共租赁住房和保障性租赁住房；销售型保障住房包括经济适用住房、共有产权房和限价普通商品住房；更新型保障住房主要指棚户区改造安置房。保障性住房之间的区别见表1-1-1。需要说明的是，本书提到的南宁市保障性住房主要包括廉租住房、公共租赁住房、保障性租赁住房、经济适用住房和限价普通商品住房五大类。

表1-1-1 各类保障性住房

住房类型	保障住房名称	定义	保障方式	有无产权	面积	土地供给
租赁型保障住房	廉租住房	政府和单位在住房领域实施社会保障职能，向具有城镇常住居民户口的最低收入家庭提供的租金相对低廉的普通住房①。	货币补贴或实物配租	无	50平方米以内	划拨
	公共租赁住房	限定建设标准和租金水平，面向符合规定条件的城镇中等偏下收入住房困难家庭、新就业无房职工和在城镇稳定就业的外来务工人员出租的保障性住房②。	实物配租	无	60平方米以内	划拨或出让
	保障性租赁住房	主要解决符合条件的新市民、青年人等群体的住房困难问题，以建筑面积不超过70平方米的小户型为主，租金低于同地段同品质市场租赁住房租金，准入和退出的具体条件、小户型的具体面积由城市人民政府按照保基本的原则合理确定的保障性住房③。	实物配租	无	以70平方米为主体	出让

①《城镇廉租住房管理办法》(建设部令第70号)，建设部，1999年。
②《公共租赁住房管理办法》(住房和城乡建设部令第11号)，住房和城乡建设部，2012年。
③《国务院办公厅关于加快发展保障性租赁住房的意见》(国办发〔2021〕22号)，国务院办公厅，2021年。

续表

<table>
<tr><th>住房类型</th><th>保障住房名称</th><th>定义</th><th>保障方式</th><th>有无产权</th><th>面积</th><th>土地供给</th></tr>
<tr><td rowspan="3">销售型保障住房</td><td>经济适用住房</td><td>政府提供政策优惠，限定套型面积和销售价格，按照合理标准建设，面向城市低收入住房困难家庭供应，具有保障性质的政策性住房①。</td><td>实物</td><td>有限产权</td><td>60平方米左右</td><td>划拨</td></tr>
<tr><td>共有产权房</td><td>由政府引导并给予政策支持，通过市场开发建设，面向符合规定条件的住房困难群体供应的，具有一定保障性质，实行共有产权，即由承购人与政府按份共有所有权的政策性商品住房②。</td><td>实物</td><td>有限产权</td><td>90平方米以内</td><td>出让</td></tr>
<tr><td>限价普通商品住房</td><td>采取竞地价、竞房价的办法，以招标方式确定开发建设单位，限房价、限套型的普通商品住房③。</td><td>实物</td><td>有</td><td>90平方米以内</td><td>出让</td></tr>
<tr><td rowspan="2">更新型保障住房</td><td rowspan="2">棚户区改造安置房</td><td rowspan="2">针对城镇中，历史遗留的集中成片危旧住房、破房烂院，户距拥挤不堪，公共设施无法配套，消防出行、生产生活存在明显公共安全隐患的旧村旧城的棚户区改造后，对被拆迁住户进行实物安置所建的房屋。</td><td>货币化安置</td><td>有</td><td>—</td><td>出让</td></tr>
<tr><td>实物化安置</td><td>有限产权</td><td>—</td><td>划拨</td></tr>
</table>

①《经济适用住房管理办法》(建住房〔2007〕258号)，建设部、国家发展改革委、监察部、财政部、国土资源部、中国人民银行、国家税务总局，2007年。

②《关于试点城市发展共有产权性质政策性商品住房的指导意见》(建保〔2014〕174号)，住房和城乡建设部，2014年。

③《关于调整住房供应结构稳定住房价格的意见》(国办发〔2006〕37号)，国务院办公厅，2006年。

二、住房保障对象的界定

我国住房保障对象的范围是动态调整、不断扩大的。1949—1978年，在计划经济体制下，住房保障的对象是城镇全部的无房户。1979—1992年，住房体制改革，住房保障的对象发生了巨大的变化，主要是城镇低收入群体。此后，住房保障对象范围逐步扩大。1994年，国家推出经济适用住房，首次将住房保障对象范围扩大至城镇中等收入群体。2006年，国家推出限价普通商品住房，住房保障对象范围逐步扩大至城镇中等偏上收入的群体。2021年，国家推出保障性租赁住房，住房保障对象范围又进一步扩大，增加了新市民、青年人等群体，且不设收入或门槛。这类群体经济不一定困难，但在住房上暂时存在困难，将这类群体纳入住房保障范围，有利于实现全体人民住有所居。各类保障性住房的保障对象见表1–1–2。

表1–1–2　各类保障性住房的保障对象比较

住房类型	保障住房名称	保障对象
租赁型保障住房	廉租住房	城镇低收入群体
	公共租赁住房	城镇中、低收入群体
	保障性租赁住房	城镇新市民、青年人
销售型保障住房	经济适用住房	城镇低收入群体
	共有产权房	城镇中、中低收入群体
	限价普通商品住房	城镇中、中上收入群体
更新型保障住房	棚户区改造安置房	城镇中、低收入群体

第二节　住房保障的基本理论

从19世纪50年代到20世纪90年代，众多学者从不同角度分析保障性住房的提供模式，并提出了不同的住房保障理论。马克思和恩格斯的第一需要理论以及马克思的国民收入分配和再分配理论是社会主义国家发展保障性住房的重要基石，庇古等人的福利经济学和福利国家理论、凯恩斯的需求管理理论和欧文·E. 休斯的新公共管理理论为资本主义国家发展保障性住房奠定了良好的理论基础。

一、第一需要理论

19世纪50年代，社会主义逐步发展成为完整的、系统的科学。马克思和恩格斯提出了第一需要理论，这是社会主义国家建立住房保障制度的重要理论基石。他们认为人首先是一个生命，人的需要是人为了维持生命所依赖的客观对象，因此人的第一个需要就是支持生命的肉体本身和与人直接紧密联系的外界物质[①]。人赖以生存的衣、食、住是“天然需要”，因而被称为人的第一需要。从古至今，人对住房的需要是具有内在必然性的，基本需求就是遮风挡雨和住有所居。住房是人类生产生活的基本物质资料之一，是人们生存的基本需要。而保障性住房正是为住房困难者保障兜底的住所，是满足人们真正住房需求的基本住房保障。我国在新时期社会主义生产的目的，是满足人民日益增长的美好生活需要，解决发展不平衡不充分的问题，而住有所居正是人民群众最基本的生活需要，是最大的民生。居住权是每一位公民应当享有的权利，社会主义国家有责任为人民提供保障性住房，正如李克强总理所说：“那时，国家的发展水平也不比现在，不仅房子住得挤，工资、福利也不高，但大家先生产，后生活，在各自的岗位上为国家建设作贡献。现在，国家实力增强了，企业效益提高了，有责任帮助你们解决基本住房问题，提升生活的质量。”[②]

① 马克思，恩格斯．德意志意识形态［M］．北京：人民出版社，1961.

② 胡治艳．重读《论住宅问题》——恩格斯的住房观及其启示［J］．马克思主义研究，2011（9）：79-84.

二、国民收入分配和再分配理论

19世纪60年代，资本主义迅猛发展，社会矛盾愈发激烈，无产阶级和资产阶级斗争日益尖锐。马克思基于福利经济学提出了公平理论，并强调对国民收入的分配和再分配，即“财富分配必须真正公平地进行分配”[①]。国民收入的初次分配体现了效率原则，是遵循市场规律进行的；国民收入的再分配也就是二次分配，体现的是公平原则，是政府主导进行的。国民收入分配和再分配理论不仅是制定住房保障制度的初衷，也是社会主义国家以公平来解决住房问题的理论前提。而具体的方法就是政府通过财政支出、转移支付等方式进行调节，健全住房保障制度，完善公积金体系，普及医疗保险，推进失业保险，基础教育全民化等，并通过以上方式实现富人与穷人之间的财富平移，实现社会资源分配均等化，从而缓解社会矛盾，消除地区之间的国民收入差距，从而实现福利型社会，而住房保障就是该经济体系中极其重要的一部分。马克思关于国民收入分配和再分配等方面的理论，为我国解决住房短缺问题、缓和社会矛盾、维持社会稳定提供了理论依据。

三、福利经济学和福利国家理论

20世纪20年代，随着资本主义逐步走向垄断竞争，市场失灵现象逐步显现，这时经济学家开始主张政府干预以弥补市场机制的缺陷，并提出福利经济学和福利国家理论。其中，福利经济学理论分为旧福利经济学和新福利经济学。庇古最早提出了福利经济学理论，其主要内容是分配越均

① 马克思．资本论．第三卷［M］．北京：人民出版社，2004.

等，社会福利就越大[1]，其最明显的主张就是要实现收入均等化，实现“福利国家”，这被称为旧福利经济学。卡尔多在帕累托最优的理论基础上提出了新福利经济学，他反对收入均等化的主张，并认为如果要实现社会福利最大化，就需要在满足所有人都有公平获得和支配社会资源的前提下，以效率为核心推动社会福利达到最优的状态[2]。无论是旧福利经济学还是新福利经济学，都提出为了提高社会的总体福利而建设福利性住房。贝弗里奇提出了福利国家理论，他通过反思以往的福利模式，发表了《贝弗里奇报告》，其中第六章为社会保障和社会政策，主张要想消除战后贫困，就要确保每个公民都能尽其所能，在任何时候都有满足自身生活需求的收入，政府应制定收入均等化的社会政策，发展公共事业，为全民提供社会保障服务，以实现“全民福利”[3]。福利经济学和福利国家理论是资本主义国家住房保障理论的构建基础之一，其主张以公共福利均等化为目标，推动保障性住房建设，同时，每个人都有同等机会获取保障性住房，可以实现住房福利的最大均衡。

四、需求管理理论

20世纪30年代，美国的经济危机暴露了古典经济学市场供给理论的缺陷。凯恩斯提出了需求管理理论，他认为在市场经济下，短期来看，社会的劳动者、资本和科技是相对稳定的，则总供给是一定的，那么市场的

---

① 庇古．西方经济学圣经译丛：福利经济学［M］．金镝，译．北京：华夏出版社，2013.

② KALDOR N. Welfare propositions of economics and interpersonal comparisons of utility［J］. The Economic Journal，1939，49（195）.

③ KEWLEY T H. The beveridge report.*［J］. Australian Journal of Public Administration，1943，4.

总需求而不是总供给决定了产品或经济的发展[①]。在住房市场中，社会对住房的刚性需求，可能会导致住房投资的增长，从而使住房的供给过剩；如果短期内住房供给过剩，或供给过剩状况不严重，那么市场这只“无形的手”便会自发地运作，并采取一系列内在自我调节举措，消化过剩的供给，使得总供给和总需求趋向均衡状态。反之，如果社会对住房的需求已经饱和或不足，则可能会导致住房投资的萎缩，从而减少住房的供给；如果住房供给不能够满足人民的需要，则会提高住房价格，刺激住房投资的增加，从而增加住房的供给。因此，住房总能够在市场的调节作用下，一直维持供给动态平衡的状态。政府应该做市场的“守夜人”，使住房市场自由发展，而不需要履行建设保障性住房的义务。但如果经济处于低迷的阶段，收入和就业率的双重下降，会导致中低收入人群丧失购买住房的能力，社会总需求严重萎缩。市场这只“无形的手”无法自发地调节投资和消费，更无法满足中低收入人群的居住需求。因此，为了解决这一难题，必须依靠政府的力量，由国家出台保障性政策，调节保障性住房的单价，救济困难人群；同时，出台干预和刺激政策，引导保障性住房领域的投资，提高社会在保障性住房领域的消费倾向，从而扩大有效需求。在保障性住房的供给中，政府与市场要相互协作，才能合理配置资源。

五、新公共管理理论

20世纪80年代，西方国家开始陷入滞胀，政府信任危机爆发，随即掀起了行政改革浪潮，以英国、美国等为首的西方国家逐步兴起新公共管理理论。90年代初，公共行政开始向公共管理转变，逐步建立起新公共

① KEYNES J M.The general theory of employment，interest and money［J］. Foreign affairs（Council on Foreign Relation），1936，7（5）.

部门管理模式。该理论建立在弹性市场机制理论的基础上，主张依靠市场提供服务，并对公共行政进行全面改革，满足更多的公共服务需求，推动传统官僚行政向公共管理服务转变，提高公共管理的水平。欧文·E.休斯提出，政府在国民经济和社会发展中有不同的角色和作用，但政府需要重新分配富人和穷人的收入，而公共部门的重要作用之一就是为大多数人设定真正的生活标准，让他们能够获得学校、医疗设施、住房保障、社区卫生、环境等基本公共服务，确保居民的生活消费质量基本均衡①。其中，住房保障作为政府基本公共服务的重要内容之一，需要政府兼顾公共财政支出的效率和公平原则做出决策。因此，获取保障性住房的资格标准等关键性问题必须明确要求。如果标准制定得过高，一些该获得帮扶的人就可能不符合保障性住房的申请资格；如果标准制定得过低，就可能会导致不需要帮扶的人也获得保障性住房。从新公共管理理论角度分析中国的住房市场，发现中国住房市场的最大问题是地方政府过度依赖土地财政，极易导致政府在住房市场上逐利和寻租，从而使得保障性住房建设缓慢和分配不公等。

综上所述，以上理论都指导了各个国家保障性住房建设发展，特别是马克思提出的国民收入分配和再分配理论，为中国的住房保障建设提供了有益启示。

第三节　我国住房保障制度的发展历程

自新中国成立以来，我国住房市场从总量供不应求转向“总量供求基本平衡，结构性、区域性矛盾突出”的新阶段，住房保障制度大致经历了

① 欧文·E.休斯.公共管理导论[J].领导决策信息，2002(15)：4-15.

四个阶段：1949—1997年，为起步探索阶段，住房保障建设主体以政府为核心；1998—2006年，为初步发展阶段，住房制度进行市场化改革，住房保障建设主体由政府主导向政府和社会结合转变；2007—2020年，为实质性发展阶段，住房保障制度建设思路由“居者有其屋”向“住有所居”转变；2021年至今，为创新发展阶段，住房保障模式由“补砖头”向“补砖头”和“补人头”并行转变。如图1-3-1所示，不同类型的保障性住房顺应了时代发展的要求，经历了不同的历程。其中，销售型保障住房经历了经济适用住房、限价普通商品住房、共有产权房的历程，租赁型保障住房经历了廉租住房、公共租赁住房、保障性租赁住房的历程，更新型保障住房的发展历程主要指棚户区改造安置房的发展历程。

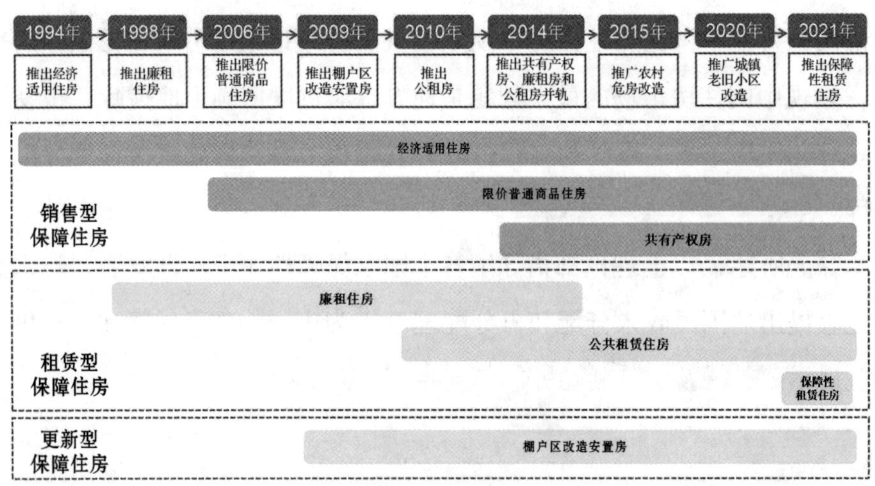

图1-3-1 不同类型保障性住房的发展历程

一、销售型保障住房发展历程

销售型保障住房经历了经济适用住房、限价普通商品住房、共有产权房的历程。1994年推出经济适用住房，2006年推出限价普通商品住房，

2014年推出共有产权房，住房保障对象覆盖了城镇中等收入群体。

（一）经济适用住房

1994年7月，国务院出台了《关于深化城镇住房制度改革的决定》（国发〔1994〕43号），首次提出住房保障的概念，明确了住房制度改革方向是住房商品化、社会化，提出了要“建立以中低收入家庭为对象、具有社会保障性质的经济适用住房供应体系和以高收入家庭为对象的商品房供应体系”两套住房供应体系。12月，建设部颁布了首个经济适用住房的政策《城镇经济适用住房建设管理办法》（建房［1994］761号），为经济适用住房建设提供优惠和支持。1993—1997年，保障住房以安居房建设为主，这一阶段居民住房条件年均改善速率约为4%，明显比以解困房为主的保障住房阶段（1979—1992年）的6.5%要慢[①]。

1998—2006年，经济适用住房建设相对滞后。亚洲金融危机爆发后，中国经济面临着巨大的压力，为了应对外需不足，进一步刺激并扩大内需，国务院颁布《关于进一步深化城镇住房制度改革加快住房建设的通知》（国发〔1998〕23号），明确当年全面“停止住房实物分配”，标志着以市场供应为主的住房供应体系的确立，并首次提出了建立和完善以经济适用住房为主的住房供应体系。虽然在2003年，国务院印发《关于促进房地产市场持续健康发展的通知》（国发〔2003〕18号），提出了“加快建立和完善适合我国国情的住房保障制度”，经济适用住房和廉租住房作为保障性住房的重要组成部分，用以解决中低收入家庭的住房问题。但在1998—2006年，经济适用住房新开工面积、投资额、销售面积占同期商品住房的比重均呈下降趋势，分别从1998年的20.83%、13.01%、20.78%下降至2006年的6.80%、5.11%、5.00%，见表1-3-1。

① 虞晓芬等．我国城镇住房保障体系及运行机制研究［M］．北京：经济科学出版社，2018：17.

表1-3-1　1998—2006年我国经济适用住房建设与销售情况

年份	新开工面积（万平方米）	占同期商品住房的比重（%）	投资额（亿元）	占同期商品住房的比重（%）	销售面积（万平方米）	占同期商品住房的比重（%）
1998年	3466	20.83	271	13.01	1667	20.78
1999年	3970	21.12	437	16.56	2701	22.69
2000年	5313	21.77	542	16.38	3760	20.17
2001年	5796	18.98	600	14.22	4021	16.89
2002年	5280	15.21	589	11.27	4004	13.50
2003年	5331	12.16	622	9.18	4019	9.64
2004年	4257	8.88	606	6.86	3262	6.46
2005年	3513	6.37	519	4.78	3205	6.02
2006年	4379	6.80	697	5.11	3337	5.00

数据来源：历年《中国统计年鉴》。

（二）限价普通商品住房

2003年，宁波市颁布了《宁波市市区普通（限价）商品住房销售管理办法（试行）》，在全国率先提出“限价商品住房”的概念，既保障了中低收入家庭的住房需求，也对抑制住房价格上涨产生了正面的影响。2006年，国务院办公厅转发建设部等九部委《关于调整住房供应结构稳定住房价格的意见》(国办发〔2006〕37号)，文件明确除经济适用住房外，限价普通商品住房也是销售型保障房的重要构成；同时，将经济适用住房的作用定义为“解决低收入家庭的住房需要”，与《关于促进房地产市场持续健康发展的通知》(国发〔2003〕18号）中的“中低收入家庭”相比，保障对象的范围缩小了。该政策颁布后，各地限价普通商品住房的规模开始逐步增加。2016—2017年，全国限价普通商品住房政策逐步取消，原因是这期间全国整体地价上涨，融资成本不断升高，此时的限价政策导致了住房质量差、公建区域减配、住房网签延期等现象。2020年，受新冠疫情影响，部分城市如天津等一些商品住房比限价普通商品住房的价格更低，限价普通商品住房已经不再拥有价格优势，因此也逐步暂停受理限价普通商品住房的资格申请。从2020年开始，限价普通商品住房逐步退出了保障性住房的历史舞台。

（三）共有产权房

2007年，各地积极开展、创新保障性住房建设与管理的探索工作。江苏省淮安市让经济适用住房与市场接轨，率先推出首批共有产权房，中、低收入家庭可分别按照5：5和7：3的共有产权房比例购买。淮安市共有产权房是指以出让方式取得经济适用住房用地，总价格参照普通商品住房执行政府指导价（一般低于同期、同区段普通商品住房销售价格的5%~10%），购房人实际出资额与房价总额的差价显化为政府出资，购房人和政府各自的出资比例构成共有产权，具有保障性质的政策性住房[①]。该类型保障性住房解决了公共租赁住房建设中政府压力大、经济适用住房中保障对象“一刀切”以及权力寻租导致的分配不公等问题。2009年底，上海市开始在徐汇、闵行两区实施共有产权房试点。

2014年，住房和城乡建设部、国家发展改革委、财政部、国土资源部、中国人民银行、银监会印发了《关于试点城市发展共有产权性质政策性商品住房的指导意见》(建保〔2014〕174号)，在北京市、上海市、深圳市、成都市、淮安市、黄石市等6个城市相继开展了共有产权房试点。2017年，住房和城乡建设部印发了《关于支持北京市、上海市开展共有产权住房试点的意见》(建保〔2017〕210号)鼓励北京市、上海市进一步开展共有产权住房试点。

①《淮安市共有产权经济适用住房管理办法（试行）》，江苏省淮安市人民政府，2010年。

二、租赁型保障住房发展历程

租赁型保障住房经历了廉租住房、公共租赁住房、保障性租赁住房的历程，1998年推出廉租住房，2010年推出公共租赁住房，2021年推出保障性租赁住房，住房保障群体覆盖了城镇中、中低收入群体以及城镇新市民、青年人，让年轻人在城市生活中看到希望。

（一）廉租住房

1998年，国务院印发《关于进一步深化城镇住房制度改革加快住房建设的通知》（国发〔1998〕23号），提出“最低收入家庭租赁由政府或单位提供的廉租住房”，廉租住房首次登上保障性住房的历史舞台。1999年，建设部出台了《城镇廉租住房管理办法》（建设部令第70号），明确了廉租住房的目的、定义、来源、定价、开发建设、申请审批等主要内容，后陆续出台相关政策并细化实施。至此，我国终结了传统的福利分房制度，开始实行住房商品化制度，并进行城镇住房制度改革，建设以廉租住房为主的保障性住房。1998—2002年，廉租住房迎来了建设高峰期，住房保障以廉租住房建设为主。2002年，时任建设部外事司司长李先逵在第十一届中日建筑住宅交流会上宣布，中国告别了住房供应短缺时代，全国城镇人均住房建筑面积为24.5平方米，农村人均住房面积为26.5平方米[①]。

2003年，国务院发布《关于促进房地产市场持续健康发展的通知》（国发〔2003〕18号），提出了“加快建立和完善适合我国国情的住房保障制度”“廉租住房是保障城镇最低收入家庭基本住房需求的住房”。同年，建设部、财政部、民政部、国土资源部联合发布了《城镇最低收入家庭廉租住房管理办法》（国家税务总局令第120号），该文件在1999年《城镇廉租

① 根据《中国统计年鉴—2010》数据计算整理；2002年起，《中国统计年鉴》不再统计城市人均住房建筑面积，开始统计城镇人均住房建筑面积。

住房管理办法》(建设部令第70号)的基础上，进一步完善了廉租住房的保障方式、租金标准、保障面积标准等细节，其目的是在城市住房价格居高不下的情况下，保障城镇最低收入群体的住房需要。

2007年9月，国家发展改革委、监察部、民政部、财政部、国土资源部、中国人民银行、国家税务总局、国家统计局联合签署了《廉租住房保障办法》(建设部令第162号)，该文件在2003年《城镇最低收入家庭廉租住房管理办法》(国家税务总局令第120号)的基础上，进一步明确了廉租住房的保障对象为“城市低收入住房困难家庭”，即在市、县人民政府所在地的镇范围内，家庭收入、住房状况等符合市、县人民政府规定条件的家庭，实行货币补贴和实物配租相结合的住房保障方式；提出了五大资金来源渠道①和多渠道增加房源等举措，此后全国所有城市都建立了廉租住房制度。10月，党的十七大报告首次写入了“廉租住房制度”，提出了努力使全体人民住有所居的住房保障目标，强调住房保障的重要性。同月，财政部发布了《廉租住房保障资金管理办法》(财综〔2007〕64号)，当年安排了廉租住房资金77亿元②，超过历年累计安排资金的总和，体现了党和人民政府对低收入群体住房问题的关心。11月，建设部、国家发展改革委、监察部、财政部、国土资源部、中国人民银行、国家税务总局等部门联合出台了《经济适用住房管理办法》(建住房〔2007〕258号)，明确经济适用住房是指政府提供优惠政策，限定套型面积和销售价格，按照合理标准建设，面向城市低收入住房困难家庭供应，具有保障性质的政策性住房，并提出经济适用住房价格管理办法，促进中低收入家庭购买住房。2008年，继国家推出“四万亿”计划之后，安排了9000亿元用于安居工程

---

① 五大资金来源渠道：主要包括年度财政预算安排的廉租住房保障资金、提取贷款风险准备金和管理费用后的住房公积金增值收益余额、土地出让净收益中安排的廉租住房保障资金、政府的廉租住房租金收入、社会捐赠及其他方式筹集的资金。

② 根据住房和城乡建设部网站数据计算整理。

建设，其中356亿元用于廉租住房建设，新增保障户数达250万户。2009年，住房和城乡建设部制定了《2009—2011年廉租住房保障规划》，提出利用3年时间解决750万户城市低收入住房困难家庭的住房问题。

（二）公共租赁住房

到2010年，城市低收入群体的住房问题已经得到了缓解，但城市中低收入群体（“夹心阶”群体）、外来务工人员、新就业大中专毕业生等群体的住房问题逐步凸显。6月，住房和城乡建设部、国家发展改革委、财政部、国土资源部、中国人民银行、国家税务总局、银监会发布了《关于加快发展公共租赁住房的指导意见》（建保〔2010〕87号），确定了公共租赁住房在我国住房保障制度中的地位，同时明确了住房保障对象从低收入群体逐步扩大至中低收入群体。2012年5月和11月，住房和城乡建设部分别出台了《公共租赁住房管理办法》（住房和城乡建设部令第11号）、《住房保障档案管理办法》（建保〔2012〕158号）等文件，进一步支持和规范保障性住房建设，并逐步将廉租住房与公共租赁住房并轨。2013年，住房和城乡建设部、财政部、国家发展改革委联合发布《关于公共租赁住房和廉租住房并轨运行的通知》（建保〔2013〕178号），要求从2014年起，各地公共租赁住房和廉租住房正式并轨运行，并轨后统称为公共租赁住房；同时，配租方式是统一轮候，即房源统一按公共租赁住房分配和管理。

2014年之后，廉租住房和公共租赁住房并轨运行，公共租赁住房成为租赁型住房保障的核心。2016年，国务院办公厅印发的《关于加快培育和发展住房租赁市场的若干意见》（国办发〔2016〕39号）要求，以建立购租并举的住房制度为主要方向，健全以市场配置为主、政府提供基本保障的住房租赁体系。

（三）保障性租赁住房

2020年，十九届五中全会通过的《中共中央关于制定国民经济和社会发展第十四个五年规划和二〇三五年远景目标的建议》，明确要求扩大保障性租赁住房供给，“保障性租赁住房”这一概念被首次提出。2021年，《国家国民经济和社会发展第十四个五年规划和2035年远景目标纲要》提出，“有效增加保障性住房供给，完善住房保障基础性制度和支持政策。以人口流入多、房价高的城市为重点，扩大保障性租赁住房供给，着力解决困难群体和新市民住房问题。单列租赁住房用地计划，探索利用集体建设用地和企事业单位自有闲置土地建设租赁住房，支持将非住宅房屋改建为保障性租赁住房”。6月，国务院常务会议确定了加快发展保障性租赁住房的政策。7月，国务院办公厅发布了《关于加快发展保障性租赁住房的意见》(国办发〔2021〕22号)，提出了建设以公共租赁住房、保障性租赁住房和共有产权住房为主体的住房保障体系，为发展保障性租赁住房提供了基础制度和支持政策，解决了部分新市民和青年人等群体的住房问题，我国住房保障历程逐步进入以公共租赁住房和保障性租赁住房为主的租赁住房阶段。

三、更新型保障住房发展历程

更新型保障住房主要是棚户区改造安置房的发展历程，2004年，面对棚户区面积大、数量多的问题，辽宁省率先启动全省范围内的棚户区改造试点。2005年，建设部印发了《关于推进东北地区棚户区改造工作的指导意见》(建住房〔2005〕178号)，开始在东北三省煤矿棚户区开展改造试点，探索建立棚户区改造安置房制度体系，重点改造煤矿棚户区，解决老国企宿舍区临时搭建棚户的问题。2008年，国家出台“扩大内需十项措施”，提出要加快棚户区改造。2009年，住房和城乡建设部、国家发展改革委、财政部、国土资源部、中国人民银行联合发布《关于推进城市和国有工矿棚户区改造工作的指导意见》(建保〔2009〕295号)，对棚户区改造提出总体要求和原则，开启了大规模棚户区改造时期。

2008—2013年，全国棚户区改造安置房新开工1600万套，总量占其他类型保障性安居工程（包括销售型和租赁型约2100万套）的76.2%，棚户区改造安置房规模占比逐渐扩大，呈现上升趋势。2013年，国务院发布《关于加快棚户区改造工作的意见》(国发〔2013〕25号)，对棚户区改造的范围、资金、用地、税收、补偿、规划、监管等相关问题进行了规范。这一阶段主要是拆迁安置，棚户区改造安置房不进入房地产市场，安置房一般以分配的方式配置。图1-3-2为2008—2013年棚户区改造安置房与保障性安居工程新开工套数。

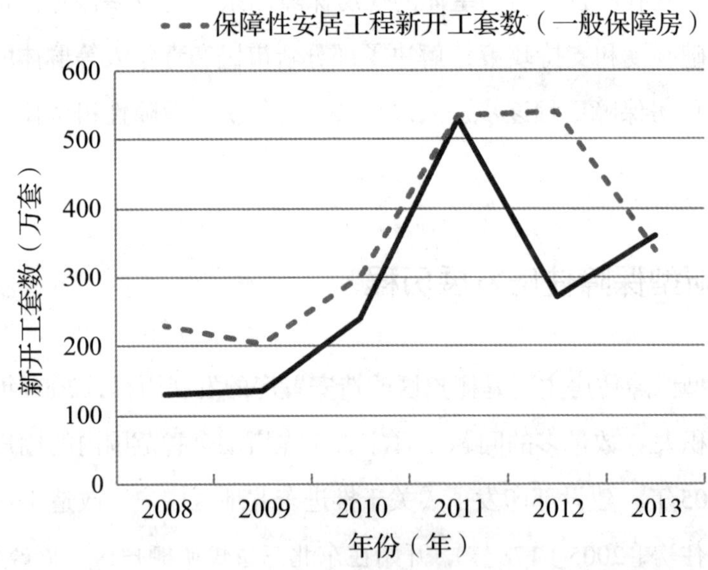

图1-3-2　2008—2013年棚户区改造安置房与保障性安居工程新开工套数

数据来源：住房和城乡建设部、统计局、审计署、中金公司研究部。

2014年开始，政府将棚户区改造列为住房保障工作重点。2014年，国务院办公厅印发《关于进一步加强棚户区改造工作的通知》(国办发

〔2014〕36号），在全面推进的基础上抓重点，要求重点安排资源枯竭型城市、独立工矿区和三线企业集中地区棚户区改造。2015年，国务院印发《关于进一步做好城镇棚户区和城乡危房改造及配套基础设施建设有关工作的意见》（国发〔2015〕37号），首次提出积极推进棚改货币化安置，并提出在2015年—2017年期间改造各类棚户区1800万套，将农村危房也纳入棚户区改造的范围。2017年，国务院常务会议确定实施棚改攻坚计划，2018—2020年再改造各类棚户区1500万套，棚户区改造持续大规模推进。“十三五”期间，主要针对棚户房进行改造，并通过棚改货币化推动房地产去库存和建设投资，累计棚户区改造开工2300万套，帮助5000多万居民搬出棚户区，改善住房条件。这一阶段主要是货币化安置，并将棚户区改造与房地产去库存相结合，但这导致了地方政府隐性债务迅速增加，三四线城市的房价大涨。

第二章

南宁市多层次住房保障体系的发展历程及成效

住房保障是重要的民生工程，也是城市经济社会发展的重要方面。南宁市委、市人民政府高度重视住房保障工作，认真贯彻落实国家有关住房保障政策方针，超前谋划、精心部署，大胆实践、勇于创新，强化措施、快速落实，在不同的发展阶段从不同的方位，全力以赴加快推进经济适用住房、廉租住房、公共租赁住房、限价普通商品住房、保障性租赁住房等多种类型保障住房项目建设管理，有力推动住房保障事业发展，为兜底民生保障和经济社会发展做出应有的贡献！

第一节　住房保障发展的历史沿革

纵观南宁市住房保障发展历史进程，总体上可以划分为萌芽发展、探索发展、高速发展、调整发展等四个阶段，并呈现出从无到有、从有到多、从多到好的高质量发展态势。经过几十年的长足发展，南宁市本级已经建立起以经济适用住房、廉租住房、公共租赁住房、限价普通商品住房、保障性租赁住房等为主的较为完整的住房保障体系，住房保障能力显著提升。截至2022年6月，南宁市本级已建成保障住房总量12.5万套，建筑面积达到908.5万平方米，累计发放住房保障货币补贴3.9亿元，保障家庭人口70万人左右，住房保障覆盖率达到20%[①]以上。

一、萌芽发展阶段（1950—1992年）

南宁市住房保障萌芽于20世纪50年代，重点推行发展直管公房，这一阶段主要尝试解决城市无房居民“有无”住房保障问题，在准入与户型

① 住房保障覆盖率的计算包含棚户区改造安置房等。

面积等方面尚未有统一的标准。直管公房是指由国家各级房地产管理部门拥有所有权或直接经营管理的国有房产，是中华人民共和国成立后党和政府为解决城市无房家庭的住房困难问题而推行的最早的政策性住房。

1949年10月1日中华人民共和国成立之后，人民政府开始全面接管旧政权、大官僚、大地主的资产，并将其改造为人民所利用。1950年1月23日，南宁市人民政府正式对外办公，开始接管、代管、没收、改造官僚资本家、地主的房屋，改为国有房产，属于由政府直接管理的公房即直管公房。1955年8月，成立南宁市房地产管理局，由其负责直管公房的管理工作。1958年，南宁市直管公房的建筑面积仅有3万平方米，来源主要是没收和接管的房产。

1958—1966年，南宁市开展对出租的私人房屋进行社会主义改造，纳入改造的私人房屋也转为直管公房。1966年，全市直管公房建筑面积达到41万平方米，这些直管公房由商铺、住宅、仓储、办公、经营场所等构成。后经过政府投资改造扩建，1992年直管公房的建筑面积达到93万平方米。由于这一时期的直管公房一般没有厨房、卫生间等配套设施，户型以内廊式单间宿舍型为主，属于大板或砖木结构，采光不好，消防安全隐患大，因此，此类房源的建筑面积随着住房制度改革的加快推进以及城市拆迁及改造等原因而不断减少。随着改革开放发展和城市拆迁安置等需要，直管公房也用来安置归国侨民、城市拆迁户及落实私房政策等，由于居住对象多元化和管理标准不同，厨房、卫生间等生活设施不配套，消防安全隐患大，加上后来国家对住房保障进行清晰定义，直管公房并没有被纳入保障住房的管理范畴和管理口径。

二、探索发展阶段（1993—2002年）

这一阶段南宁市主要推进经济适用住房的建设管理，这是南宁市第一种保障住房类型，重点加强住房保障的土地供应、融资模式、建设模式、供应模式、管理模式等方面的多方位探索，为全面铺开各类保障住房建设管理积累了宝贵经验。

1994年7月18日出台的《关于深化城镇住房制度改革的决定》(国发〔1994〕43号)提出，要加快经济适用住房的开发建设，解决中低收入家庭的住房问题，这标志着这种住房保障类型在全国正式推出。作为住房制度改革发展的先行者，南宁市于1993年开始推进经济适用住房建设。1995年5月26日，南宁市颁布实施《南宁市经济适用住房建设管理办法》(南府发〔1995〕79号)，明确提出开发企业所建的经济适用住房项目，70%作为经济适用住房按照市人民政府审定的成本价格定向销售，30%作为商品住房由开发企业向社会销售。这就意味着政府以土地（划拨方式）、30%房源及减免相关费用等方式，吸引社会资本建设经济适用住房项目，使得这一时期的经济适用住房与商品住房呈现插花式发展，并形成独特的建设路径（图2-1-1）。2002年，全市共开工建设经济适用住房项目15个，累计建成经济适用住房7458套，建筑面积59.9万平方米。这一时期的经济适用住房参照商品住房的户型结构，配建有厨房、卫生间，并按照建筑规范设计空间布局和园林绿化，配备相应的学校（幼儿园）、商场（商店）等设施，深受保障家庭的欢迎。

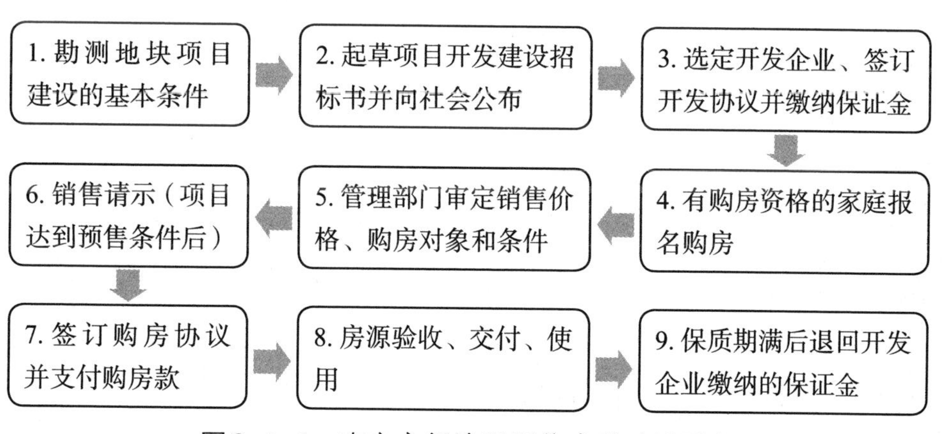

图2-1-1　南宁市经济适用住房的建设路径

专栏一　南宁市首个经济适用住房建设概况
1993年，南宁市开始推进经济适用住房建设。明秀二区是南宁首推的经济适用住房建设项目，于1993年4月开工建设，1996年1月项目竣工。该小区位于南宁市明秀东路145号，属于商品住房和经济适用住房混搭建设类型。项目用地面积约4.9万平方米，总建筑面积9.9万平方米，其中，经济适用住房建筑面积约1.3万平方米，共197套，项目由中房集团南宁房地产开发公司开发建设。

三、高速发展阶段（2003—2015年）

这一阶段南宁市全力发展经济适用住房、廉租住房、公共租赁住房和限价普通商品住房等四种类型的保障住房，并进入高速发展态势，呈现出百花齐放的发展格局。

（一）经济适用住房开发建设实行新模式

2004年12月4日出台的《南宁市经济适用住房管理暂行办法》（南府发〔2004〕109号），提出要改变经济适用住房项目开发建设模式，开发企业要按照政府指导价销售经济适用住房，指导价由开发成本、税金和利润构成，其中利润不得超过3%。这就意味着经济适用住房开发企业投入的成本和利润，需要通过销售经济适用住房来实现，不再配建30%商品住房。虽然从表面上看开发企业的利润较低，但实际上实力较强的开发企业都有自己的建筑队伍，综合建筑利润、门面商铺及车位销售的收入，加上销售回款快等特点，整体经济适用住房的开发利润还是可观的，吸引了不少开发企业的参与。2015年，南宁市经济适用住房开工建设项目达到17个，房源42406套，建筑面积352.4万平方米，分别占市本级经济适用住房总量的78.5%和79.7%。典型经济适用住房项目见图2-1-2、图2-1-3。

图2-1-2　南宁市规模最大的经济适用住房项目——中房·碧翠园

图2-1-3　南宁市首个获得国家级荣誉的经济适用住房项目——新兴苑

（二）廉租住房建设全面启动并加快发展

廉租住房[①]建设全面启动并加快发展，这是南宁市主推的第二类保障住房类型。南宁市于2003年开始建设第一个廉租住房小区——龙翔苑保障房小区，截至2015年底，全市累计实施廉租住房保障34867户，其中货币补贴28053户，实物配租6814户。2007年8月7日国务院发布的《关于解决城市低收入家庭住房困难的若干意见》（国发〔2007〕24号）指出，要加快建立健全以廉租住房制度为重点、多渠道解决城市低收入家庭住房困难的政策体系。这一阶段，国家明确提出经济适用住房与廉租住房的保障对象均为低收入家庭，货币补贴成为廉租住房保障的主要方式，且货币补贴基本由国家负责统筹。

（三）公共租赁住房在“十二五”时期进入发展高峰期

2011年9月28日出台的《国务院办公厅关于保障性安居工程建设和管理的指导意见》(国办发〔2011〕45号)，明确提出要重点发展公共租赁住房，逐步实现廉租住房与公共租赁住房并轨运行。南宁市从2010年开始启动公共租赁住房建设，南宁市环卫公寓是第一个公共租赁住房项目，也是全国首个专门解决城市环卫工人住房问题的公共租赁住房项目。2011—2015年，全市公共租赁住房开工建设46914套[②]，占市本级保障住房总量的72%。截至2022年6月，市本级公共租赁住房已开工建设项目50个，房源66214套，其中已建成项目38个，房源59314套。此外，货币补贴覆盖面不断扩大，2008年以来累计货币补贴发放惠及6万多户，补贴金额达到3.9亿元。

公共租赁住房（包括廉租住房）的建设模式主要分为三大类。一是政府直接投资，通过购买、自建和代建等方式筹集，截至2022年6月，市政

① 根据《关于进一步深化城镇住房制度改革加快住房建设的通知》（国发〔1998〕23号）文相关精神，国家提出廉租住房可以从公有住房中调剂。
② 本数据含廉租住房22600套。

府直接投资公共租赁住房项目达25个，房源51697套，占全市保障住房房源的78%。二是企业投资，通过商品住房市场的土地招拍挂竞争机制，吸引开发企业竞争配建公共租赁住房（包括廉租住房），截至2022年6月，全市共有17个项目，房源3009套，占比为4.58%。三是完全由社会资本投资，截至2022年6月，全市共有8个项目，房源11508套，占比为17.45%。

（四）限价普通商品住房得到积极发展

限价普通商品住房是南宁市第四种类型的保障住房，主要用于解决既不符合廉租住房、经济适用住房申请条件，又没能力购买商品住房的“夹心层”群体的住房保障问题。2008—2016年，南宁市共推进限价普通商品住房项目8个，房源7563套，其中，第一个项目是馨铁苑小区（定向保障项目），第一个面向社会供应的项目是龙凤首缘（图2-1-4）。南宁市限价普通商品住房建设模式是在政府限定销售价格、限定销售对象、限定户型面积的前提下全部以社会投资的方式来实现。

图2-1-4　南宁市规模最大的限价普通商品住房项目——龙凤首缘

四、调整发展阶段（2016年至今）

2016年以来，随着国家有关住房保障政策的不断变化，南宁市各个类型的保障住房的发展也有着鲜明的政策调整色调。一是自2016年起，南宁市全面停止建设限价普通商品住房，廉租住房和公共租赁住房正式并轨运行。二是从2019年4月起，南宁市暂停经济适用住房资格申请工作。三是从2021年起，南宁市重点发展保障性租赁住房。2021年7月2日发布的《国务院办公厅关于加快发展保障性租赁住房的意见》（国办发〔2021〕22号），明确指出要加快完善以公共租赁住房、保障性租赁住房和共有产权住房为主体的住房保障体系，重点解决新市民、青年人等群体的住房困难问题，这为南宁市加快发展保障性租赁住房指明了方向。2021年，南宁市本级保障性租赁住房项目开工建设23个，房源11151套（间）；已建成项目9个、房源3894套（间），开工建设量走在全国前列，居全国第四。典型的已建成入住的保障性住房项目见图2-1-5。2022年，南宁市本级计划建设

图2-1-5　南宁市已建成入住的保障性租赁住房项目——新秀公寓

保障性租赁住房项目38个，房源11414套（间）。到2022年6月，南宁市保障性租赁住房资金筹集模式以国有平台公司筹集为主，政府投资筹集和社会资本筹集为辅，其中，国有资本筹集房源占比为63%，社会资本筹集占比为30%，财政投资筹集占比为7%。

第二节　主要类型住房保障的发展历程

一、经济适用住房从低门槛到高门槛

作为南宁市首个类型的保障住房，经济适用住房在“产权保障+货币补贴”的保障方式方面进行了非常有意义地探索实践，为构建全市多层次住房保障体系打下了坚实基础。纵观南宁市经济适用住房发展历史，其发展演变轨迹主要体现在以下三个方面。

（一）初始发展阶段（1993—2003年）

这一阶段经济适用住房的发展带有明显的解困性质，保障门槛较高，户型偏小，以政府审定的成本价格销售，以国有开发企业建设为主。1993年，为解决城市住房困难家庭的住房保障问题，南宁市人民政府成立解决城市住房困难领导小组办公室，办公室设在市房产管理局，由其负责组织建设管理解困房。解困房是南宁市经济适用住房最早的表现形式。南宁市第一个解困房项目是明秀二区，建筑面积1.27万平方米，197套房，户均面积64平方米。从准入门槛的角度看，解困房还是有一定的准入条件的，但由于信息获取渠道有限，管理部门在实际的审核操作环节中往往以当事人自主申报提供的信息为主，所在单位或街道办事处盖章确认即可，导致

在实际操作中存在宽松现象。安居工程是南宁市经济适用住房的第二种表现形式，主要在1995年南宁市列入国家实施安居工程试点城市后推行。相对而言，安居工程的保障门槛上比解困房有所降低（表2-2-1）。南宁市第一个安居工程是北湖安居小区，该项目于1995年11月开工建设，安居房总建筑面积为10.7万平方米，1409套，户均面积75.9平方米。南宁市正式以经济适用住房的名义启动保障住房项目是在1995年，其标志是1995年5月26日颁布实施《南宁市经济适用住房建设管理办法》(南府发〔1995〕79号)。该办法从项目建设、准入条件、退出规定等方面对南宁市经济适用住房进行了规范。从表面看，好像保障门槛比安居工程高了不少，但从实际操作来看，门槛还是降低的。从户型面积来看，1995—2003年，全市立项并建设的8个经济适用住房项目中，户型面积最小的小区户均面积为59.8平方米，户型面积最大的小区户均面积为109.3平方米，这个阶段的经济适用住房户型平均面积为84.6平方米，远远超过了管理办法要求户型面积控制在55平方米以下的规定。在准入方面，把党政机关和事业单位住房困难干部职工列入保障对象，其他群体只要自己承诺和单位证明（或街道证明）属于困难家庭，都可以申请保障。户型面积超过管理要求、准入放宽等问题，究其原因，一方面，国家对经济适用住房建设面积没有统一规定；另一方面，经济适用住房的管理主体不统一①，导致在经济适用住房建设的面积控制、准入等方面存在较大差异，房改部门更多着眼于加快发展经济适用住房，减弱解困房过度限制，强化安居功能，在户型面积上接近商品住房，在审核人均住房面积方面，也只注重审核申请家庭已经享受的房改房人均面积信息，其他房源则以自己申报承诺为主。

① 1995年颁布的《南宁市经济适用住房管理办法》是由南宁市房地产管理局制定，并明确其是经济适用住房主管部门，但在推进全市经济适用住房建设中起主导作用的却是南宁市住房制度改革领导小组办公室（简称房改办）。

表2-2-1　南宁市经济适用住房保障门槛变化情况

表现形式	实施时间	政策依据	户型面积	保障门槛要求
解困房	1993—1994年	—	中小户型（一房和二房为主要户型）	本市户籍且人均住房使用面积在7平方米以下的住房困难家庭
安居工程	1996年	《南宁市国家安居工程住房销（预）售办法》（南宁市人民政府令第6号）	没有明确约束	具有南宁市常住户口人均住房使用面积14平方米以下的中低收入住房困难家庭
经济适用住房	1995—2003年	《南宁市经济适用住房建设管理办法》（南府发〔1995〕79号）	以二房一厅为主，适当建设一房一厅和三房一厅类型	中低收入且符合以下条件的家庭住房困难户：党政机关和全额拨款的事业单位；无房户；人均居住面积在5平方米以下的住房困难户
	2004—2008年	《南宁市经济适用住房管理暂行办法》（南府发〔2004〕109号）	建筑面积在60~100平方米	常住城镇的中低收入（指家庭年收入低于上一年度职工平均工资的6倍）家庭无房户或与机关、企事业单位签订一年以上用工合同的外来务工人员；人均住房面积未达15平方米的住房困难家庭；普通职工可以购买70平方米，其他人员根据《自治区人民政府办公厅关于控制职工住宅标准的通知》（桂政办〔1995〕39号）住房标准执行；经济适用住房在取得房屋所有权和土地使用证之日起满3年可以上市交易，并按照《南宁市已购公有住房上市交易暂行办法》向政府缴纳相关价款

续表

表现形式	实施时间	政策依据	户型面积	保障门槛要求
经济适用住房	2009—2014年	《南宁市经济适用住房管理办法》(南府发〔2009〕70号)	单套建筑面积控制在60~80平方米	具有本市城市户籍的常住人口、无房或人均住房面积16平方米以下、家庭人均收入低于上年度城市居民人均可支配收入80%的低收入家庭，单套建筑面积控制在60~80平方米，取得房屋所有权证满5年才能上市交易，但要按照届时同地段普通商品住房与当时购买经济适用住房差价的60%向政府交纳相关价款
	2015—2019年	《南宁市经济适用住房管理办法》(南宁市人民政府令第43号)	单套建筑面积控制在60平方米左右	取得本市城区范围内居民户籍3年以上，在本市城区范围内无自有住房；不得拥有商铺、车库、车位、仓储、办公用房等非住宅用房；在本市城区范围内转让房屋须满3年；新建经济适用住房单套建筑面积控制在60平方米左右；户型建设面积控制保持跟国家规定一致，控制在60平方米左右

（二）高速发展阶段（2004—2009年）

这一阶段随着住房制度改革的深入发展，经济适用住房又带上较浓的房改住房福利性质，职工购房面积标准参照房改政策，准入条件放宽，户型面积较大，价格受政府控制，引入社会资本建设，配套相对完善，深受住房困难家庭欢迎而供不应求，管理上呈现粗放型特点，建设发展势头迅猛。2004年12月2日，为顺应国家和广西对经济适用住房管理提出的新要求，南宁市人民政府颁布实施《南宁市经济适用住房管理暂行办法》(南府发〔2004〕109号），明确市房改办负责经济适用住房的实施和管理工作；同时，对经济适用住房建筑面积和申购条件进行了调整，如保障范围从本市户籍扩大到外来务工人员，保障门槛的人均住房面积从居住面积5平方米扩大到建筑面积15平方米，户型控制面积从55平方米扩大到100平方米，家庭收入门槛也明显放宽，很多没有享受到房改房或者已享受但不达标的广大干部职工都符合申请经济适用住房条件。整体而言，2004—2009年是南宁市经济适用住房申请准入和户型建设门槛最低、住房保障覆盖面最广的一个时期，尤其是2004年金融部门推出的购房按揭业务全面铺开后，市民的支付能力显著增强，有力地促进了南宁市经济适用住房的迅速发展。这时期，南宁市本级开工建设14个项目，建筑面积为287.3万平方米，住房32217套，户均面积89平方米，建筑面积和套数分别占全市经济适用住房总量的65%和60%，是全市经济适用住房建设发展的高峰期，解决了大量符合条件的机关企事业单位干部职工和外来务工人员的住房保障问题，使经济适用住房成为住房制度改革顺利推进的稳定器和助推器。

（三）缓慢发展阶段（2010—2019年）

这一阶段经济适用住房回归保障房属性，保障对象仅限低收入住房困难家庭，严控建设面积、准购资格、退出条件等，导致供大于需，发展趋缓。2010—2022年，南宁市本级开工建设的经济适用住房项目仅有7个，建筑面积为115.4万平方米，住房16481套，户均面积70平方米。随着全国房地产市场的迅猛发展，特别是城市商品住房价格上涨过快，城市住房问题日益突出，2007年8月，国家出台《国务院关于解决城市低收入家庭住房困难的若干意见》（国发〔2007〕24号），开始对经济适用住房在准入、建设、退出等方面的政策进行调整和收紧，让其回归到解决城市低收入住房困难家庭的住房问题的本质要求上来。2009年9月1日，南宁市颁布实施《南宁市经济适用住房管理办法》（南府发〔2009〕70号），标志着南宁市对经济适用住房的建设管理进行重大调整，由相对宽松转为严格管理，准入和建设门槛由低转为高，由带有浓厚的房改福利性质转为保障住房性质。按照新的申购条件，大量的本市户籍的中低收入家庭、外来务工人员被排除在外，户型面积变得更小，退出时缴交的相关费用会更高，在制度设计上尽可能排除“牟利”空间。举例来说，一个大型的经济适用住房小区，如果分期建设并且在分配时刚好跨过9月1日这个关键时间节点，那就可能存在同一个小区在上市交易时，有些经济适用住房因适用2004年管理办法仅需补缴数千元的差价款就可以了，而有些则要按照2009年的管理办法要补缴十几万元甚至二十几万元的差价款，相差十几倍甚至二十几倍，政策变化过大过快一度引发了保障家庭的紧张情绪，也直接影响了经济适用住房的发展。之后，为进一步顺应国家住房保障政策重点从经济适用住房转为公共租赁住房的大趋势，南宁市于2015年12月1日发布实施《南宁市经济适用住房管理办法》(南宁市人民政府令第43号)，对相关准入、建设做出更严格的规定，把经济适用住房的准入门槛设计得更高，如过去仅要求本市户籍、人均住房面积16平方米以下即可，现在要求本市户籍满3年，名下无房且无不动产等；建设标准也从过去的户型控制面积60~80平方米降为60平方米左右，更加突出小型化特点。2019年4月1日起，南宁市暂停经济适用住房资格申请业务，同时根据轮候家庭的情况安排项目建设进行消化，转为引导群众申请公共租赁住房保障。但随着近期房地产市场的发展变化，尤其是房地产价格疲软，加上经济适用住房户型面积变小，退出也须缴纳较高的费用，保障家庭购买经济适用住房的意愿逐步减小，有效需求大幅减弱，以致出现较好地段的经济适用住房供大于求的现象。

南宁市经济适用住房建设随着三个阶段的发展变化而发展，具体见表2-2-2。

表2-2-2　南宁市本级经济适用住房建设情况一览表

时间	建设套数（套）	建筑面积（万平方米）
2000年前	5592	42.06
“十五”时期	14523	136.45
“十一五”时期	22120	184.92
“十二五”时期	8017	53.22
“十三五”时期	3756	25.74

二、公共租赁住房从高门槛到低门槛

南宁市公共租赁住房的演变路径，是从保障城市最低收入住房困难家庭的高门槛到保障低收入、中低收入者家庭的低门槛，从实物配租的单一渠道到实物配租、货币补贴、租金核减的多方式保障，从保障对象单一（城市低收入住房困难家庭）到多元（外来务工人员、新就业大中专毕业生、引进人才或产业技术工人等）的发展变化，与经济适用住房的演变路径刚好相反，但却相辅相成。公共租赁住房项目的短期集中建设分配带来的政策调整变化是南宁公共租赁住房管理的一大特点，政策调整的主要内容就是降低保障门槛。截至2022年上半年，南宁市本级已建成公共租赁住房（包括廉租住房）项目共有38个，建筑面积为247.11万平方米，套数59314套；在建项目12个共6900套，货币补贴累计6万多户，保障金额3.9亿元，成为南宁市住房保障体系中住房套数最多、保障量最大、项目分布最广的保障类型。总的来说，南宁市公共租赁住房管理有以下特点。

一是在全国较早推进廉租住房项目，保障门槛不断降低。随着房地产市场发展、住房制度改革深入及经济适用住房大面积铺开，大量中低收入住房困难家庭的保障问题得到缓解，但城镇最低收入群体的住房保障问题日益突显。南宁市比较早就关注并积极应对这个问题，尤其是2007年8月7日出台的《国务院关于解决城市低收入家庭住房困难的若干意见》（国发

〔2007〕24号），指出要加快建立健全以廉租住房制度为重点的住房保障体系，推行实物配租和货币补贴。加上南宁市属于西部城市，经济不够发达，主要由国家负责统筹住房保障的货币补贴资金，这一利好政策让南宁市廉租住房进入快速发展阶段。

从2002年开始，南宁市通过建设、购买、直管公房拆迁置换、配建等方式筹集房源，向城市低保家庭提供实物配租，并于次年向最低收入住房困难家庭发放货币补贴保障。南宁市首个廉租住房项目——龙翔苑廉租住房项目于2003年启动建设。2006年5月1日施行的《南宁市城镇廉租住房管理办法》（南宁市人民政府令第44号），明确提出廉租住房主要是解决城镇最低收入家庭的基本住房保障需求，对廉租住房的准入、户型面积控制、保障方式等均提出新的要求。廉租住房的准入方面，须是本市户籍家庭人均月收入低于本市城镇居民最低生活保障标准，且连续享受本市最低生活保障待遇6个月以上；家庭成员拥有私有住房和承租公有住房的使用面积合并计算人均低于或等于7平方米等。廉租住房的保障方式主要有实物配租、货币补贴和租金核减等，但无论是哪种保障方式，保障家庭都是本市城镇最低收入家庭，保障门槛非常高，保障覆盖面相对较窄。根据相关规定，廉租住房户型面积控制为一房或一房一厅为40平方米以下，二房一厅为55平方米以下。

随着国家廉租住房保障政策的调整，2008年11月1日南宁市颁布实施《南宁市廉租住房保障办法》（南宁市人民政府令第21号），明确了廉租住房制度的保障对象由最低收入家庭调整为低收入家庭，人均住房面积由低于或等于7平方米调整为13平方米，货币补贴标准也由人均保障10平方米调整为13平方米，廉租住房建设的资金筹措也由原来的公积金增值收益和财政投入比较单一的投入方式，进一步扩充为土地出让净收益金不低于10%的比例、直管公房出售及商业开发拆迁补偿等收入，拓宽资金来源渠道，满足廉租住房降低保障门槛、扩大保障范围后的建设发展需求。

南宁市廉租住房保障方式以发放租赁住房补贴为主，实物配租、租金核减为辅。

2008—2012年，南宁市本级共建成廉租住房6814套，建筑面积42.6万平方米，实施廉租住房保障33885户，其中货币补贴28083户，实物配租5802户。

二是公共租赁住房保障门槛降低，呈现明显阶梯性特点。

第一梯段，自公共租赁住房启动之时保障门槛便开始较低。南宁市公共租赁住房从2010年开始启动建设，第一个项目是位于城市中心的环卫公寓，该项目共有1550套住房，平均户型面积45平方米，保障对象主要是中低收入住房困难的环卫工人群体。此时公共租赁住房的保障门槛比廉租住房低，即保障对象从低收入家庭降到中低收入家庭。但是也还有一定门槛，如要求从事环卫公共服务事业并有一定服务年限等，保障对象比较单一。

第二梯段，在公共租赁住房发展的高峰期（2012—2017年）进一步降低保障门槛。这一时期国家陆续出台了《国务院办公厅关于保障性安居工程建设和管理的指导意见》（国办发〔2011〕45号）、《住房和城乡建设部关于严格执行住房保障政策规定的通知》（建保〔2012〕105号）等推动公共租赁住房加快发展的利好政策，南宁市强抓政策落实，主要通过政府投资自建、代建、配建、购买和社会投资建设等方式筹集房源，房源建设量最大的是在2012—2013年，这两年推进开工建设项目22个，建筑面积178.1万平方米，住房套数44680套，分别占已建成项目建筑面积、住房套数的比重为73%、75%。为使这些数量巨大的保障房源发挥其应有的作用，须不断扩大保障覆盖面，降低门槛势在必行。2016年1月1日施行《南宁市公共租赁住房保障办法》（南宁市人民政府令第44号），公共租赁住房的保障范围涵盖原廉租住房保障对象，保障对象包括本市户籍家庭的低保、低收入（家庭人均年收入低于上年度城镇居民人均可支配收入的50%）住房困难家庭（人均住房面积13平方米以下）；本市户籍中低收入家庭（家庭人均年收入低于上年度城镇居民人均可支配收入的150%）；新就业大中专毕业生，签订1年劳务合同并缴纳社保6个月，家庭人均收入低于或等于上年度城镇人均可支配收入的1.5倍；外来务工人员签订1年劳务合同并缴纳社保满1年，家庭人均收入低于或等于上年度城镇人均可支配收入的1.5倍。公共租赁住房保障门槛持续降低，进一步增强对新就业大中专毕业生和外来务工人员的吸引力，公共租赁住房保障对象逐渐由仅保障本市户籍住房困难家庭的单一性向保障本市户籍符合条件家庭、新就业大中专毕业生、外来务工人员等群体的多元性转变。但由于2012年和2013年开工建设的公共租赁住房过于集中，造成2016年和2017年建成的公共租赁住房剧增，达4万多套，供大于求的局面开始出现。

第三梯段，是公共租赁住房“消化阶段”，保障门槛降到最低。因公共租赁住房属于租赁型保障住房，与人们熟知的产权型保障住房不一样，大家对它的理解和接受有一个过程。但国家对已建成的公共租赁住房的分配有年度考核要求。因此，为了“消化”已建成的4万多套公共租赁住房，除了加大政策宣传，就是继续降低保障门槛。2018年2月1日，南宁市施行新版《南宁市公共租赁住房保障办法》(南宁市人民政府令第7号)，该办法的最大特点就是最大限度降低保障门槛。办法规定，本市户籍非低收入家庭和个人、新就业大中专毕业生、外来务工人员，只要家庭人均住房面积低于13平方米，就可以申请公共租赁住房，即不管家庭收入情况，只看名下住房情况，将保障门槛降到最低。南宁市公共租赁住房货币补贴也由原来只保障本市户籍低保低收住房困难家庭，现在进一步扩大保障覆盖面，开始惠及本市户籍非低收入家庭、外来务工人员及新就业大中专毕业生。保障门槛的降低自然吸引了大量家庭前来申请，申请量大增，尤其是外来务工人员和大中专毕业生的申请量分别占总量的28%和16%。政策的修改收到了立竿见影的效果，政策实施当年就基本消化了公共租赁住房的存量。但后续的影响也开始出现，房少人多造成人等房的现象，尤其从2018年开始，公共租赁住房轮候家庭快速增加，到2019年有47000多个家庭在轮候，引起住房和城乡建设部的关注。为解决好轮候家庭过多的问题，南宁市又对公共租赁住房管理办法进行修改和完善，合理设置相应门槛，使公共租赁住房保障回归到解决本市户籍中低收入住房困难家庭的轨道上来。南宁市公共租赁住房从高门槛到低门槛的发展及住房保障政策的调整，直接影响了市本级公共租赁住房（包括廉租住房）建设，具体建设情况见表2-2-3。

表2-2-3　南宁市本级公共租赁住房（包括廉租住房）建设情况一览表

时间	建成套数（套）	建筑面积（万平方米）
“十五”时期	556	2.74
“十一五”时期	2833	13.33
“十二五”时期	8690	37.09
“十三五”时期	43697	176.34
“十四五”时期	9700（计划建成）	44.54（计划建成）

三、限价普通商品住房从定向到社会化

限价普通商品住房指政府采取招拍挂方式出让商品住房用地时，限制最高销售价格、户型面积和销售对象的一种销售型的住房保障类别。南宁市限价普通商品住房开发建设时间仅为十年，经历了定向保障向社会保障的调整和发展，与其他保障住房比较，限价普通商品住房有较低的保障门槛和较大的户型面积，吸引了那些有一定经济能力但又买不起商品住房的“夹心层”、引进人才等群体的关注，提供了一个较好解决其住房保障问题的渠道，是对南宁市住房保障体系的有益补充和完善，对平抑房地产市场价格上涨过快、改善住房供应结构等方面起到一定的促进作用。从保障方式来讲，限价普通商品住房是“产权保障”方式的延续。

（一）针对特殊群体提供定向保障限价普通商品住房（2008—2011年）

南宁市积极落实国家对房地产市场的两个“70%”目标[①]政策，进一步调整南宁市房地产市场住房供应结构，平稳商品住房价格，确保定向保障限价普通商品住房项目顺利实施，为本市制定管理制度和社会保障积累了丰富经验。南宁市2008年开始建设限价普通商品住房，第一个项目是宁铁馨苑，2008年开工建设，2010年竣工，住宅总建筑面积39.3万平方米，住房2968套，户均面积132平方米，户型面积较大，项目主要定向解决铁路部门干部职工的住房问题。第二个项目是瑞景家园，2011年开工建设，住宅总建筑面积4.3万平方米，住房572套，户均面积75平方米，户型面积适中，仍然是定向保障项目，主要解决公路系统职工住房保障问题。

（二）限价普通商品住房供应转向社会化保障（2012—2016年）

限价普通商品住房是各地根据房地产市场情况因地制宜采取的一项临时性措施，随着南宁市住房保障体系的不断完善和保障方式的多样化，从2016年起全市不再新建限价普通商品住房。2011年9月28日，《国务院办公厅关于保障性安居工程建设和管理的指导意见》（国办发〔2011〕45号），提出要适当增加限价普通商品住房供应。2012—2014年，南宁市加大马力筹集资源，全力推进限价普通商品住房建设，开工建设项目6个，住房套数4023套，占市本级限价普通商品住房总量的53%，全部为非定向供应项目，向社会符合保障的家庭供应。这个转向阶段的限价普通商品住房供应量略大于需求量，剩余部分限价普通商品住房在履行必要手续后转为商品

① 两个“70%”目标：自2006年6月1日起，凡新审批、新开工的商品住房建设，套型建筑面积90平方米以下住房（含经济适用住房）面积所占比重，必须达到开发建设总面积的70%以上；要优先保证中低价位、中小套型普通商品住房（含经济适用住房）和廉租住房的土地供应，其年度供应量不得低于居住用地供应总量的70%。

住房进行处理，城市“夹心层”群体的住房保障问题得到较好解决。

与此同时，加强制度建设，努力提高限价普通商品住房覆盖面，2013年9月24日印发《南宁市限价普通商品住房管理办法》(南府发〔2013〕46号)，进一步放宽保障门槛，规定本市户籍家庭人均住房建筑面积低于20平方米、家庭人均年收入低于上年度城市居民人均可支配收入的2倍；非本市户籍家庭，须有2年以上的纳税证明或社保证明。同时明确，限价普通商品住房自签订购房合同之日起满5年并取得房屋所有权证后可以上市交易，上市交易需按届时同地段、同类存量住房平均交易价格20%的比例，向南宁市住房保障部门缴纳相关价款，方可按照商品住房办理房屋所有权转移登记手续。

在准入条件方面，限价普通商品住房比经济适用住房、公共租赁住房门槛更低，基本是住房困难的中等收入家庭就符合申请条件，这在当时房地产市场十分活跃、商品住房价格居高不下的情况下，显得非常难能可贵，充分彰显了南宁市委、市人民政府勇于担当的精神。

四、保障性租赁住房从“双困”到“单困”

纵观南宁市保障性住房的发展过程，总体上门槛不断降低，保障范围不断扩大，准入条件由保障“双困”家庭转向保障“单困”家庭，其中，标志性因素就是保障性租赁住房这个新型保障房类型的推出。相对其他类型的保障性住房，保障性租赁住房的保障门槛降到最低，即只要是属于住房困难即符合申请条件，保障性租赁住房是“使用权保障＋政府奖补”的保障方式，是公共租赁住房保障方式的转变，实现了住房保障建设主体多元化、融资多渠道、保障对象多类别、空间布局更合理的良性发展目标。

在2021年保障性租赁住房出现以前，住房保障主要以“双困”保障为主。在保障性租赁住房这个新的保障类型出现以前，不管是南宁市的经济适用住房、廉租住房，还是公共租赁住房或限价普通商品住房，在门槛准入方面，一般都要求是低收入或中低收入（中等偏下）住房困难家庭，即保障家庭应该是收入困难和住房困难的“双困”家庭。2018年实施的《南宁市公共租赁住房保障办法》(南宁市人民政府令第7号）放宽了对城市“非低”家庭、新就业大中专毕业生和外来务工人员的收入要求，但其对有保障优先权的低收入家庭还是有明确的收入审核要求的。

2021年保障性租赁住房出现以后，住房保障以“单困”保障为主。2021年7月，根据《国务院办公厅关于加快发展保障性租赁住房的意见》(国办发〔2021〕22号）文件精神，南宁市积极响应，立即着手发展保障性租赁住房，出台管理制度，努力帮助新市民、青年人等群体解决住房困难问题，制定了《南宁市加快发展保障性租赁住房实施方案》，明确了各城区、开发区作为责任主体，要开展辖区内保障性租赁住房需求调查和管理，同时明确了保障性租赁住房的供应对象、户型面积及租金标准等。保障性租赁住房的保障门槛和建设户型继续放宽，不仅是“单困”准入（住房困难就符合条件），而且在住房困难把关上也比其他保障房类型放宽，其他保障住房类型都是要求根据在本市行政区域范围内名下人均住房面积的多少来限制，保障性租赁住房仅要求项目所在地的辖区内无房即可符合申请条件（在其他辖区内有房不影响），户型面积也适当放宽，这标志着南宁市住房保障工作从“双困”保障转向“单困”保障，大大拓展了保障性租赁住房的发展空间，因为进城不久创业发展的新市民和青年人几乎都符合申请条件。

专栏二　南宁市保障性租赁住房的相关准入标准
供应对象。保障性租赁住房主要面向在项目所在辖区内无自有住房的新市民、青年人等群体。在项目所在辖区内无自有住房是指本人及配偶在项目所在城区、开发区城镇范围名下无自有住房。项目位于产业园区的，供应对象不受上述条件限制。 户型面积。保障性租赁住房以建筑面积不超过70平方米的小户型为主，最大不超过90平方米。其中70平方米以下户型套数原则上不少于80%。政策实施前已经开工建设或通过现有建成住房转化的，可以适当放宽建筑面积标准。 租金标准。保障性租赁住房租金标准按不高于同地段同品质的市场租赁住房评估租金的95%执行，市场租赁住房评估租金实行动态调整。

面对巨量的潜在需求，南宁市认真谋划，组织力量调查研究并编制《南宁市"十四五"住房发展专项规划》，明确提出，"十四五"期间南宁市计划筹集保障性租赁住房8万套（间）。2021—2022年，全市共计划筹集保障性租赁住房项目94个、住房37779套（间）。截至2022年6月底，已开工房源33545套（间）、建成房源6276套（间）、分配房源2845套（间），具体见表2-2-4。

表2-2-4　2021—2022年南宁市计划筹集保障性租赁住房项目情况

项目筹集年份	项目数量（个）	房源套数（套）	已开工房源套数（套）	建成房源套数（套）	分配房源套数（套）
2021年	32	13930	13930	4092	1846
2022年①	62	23849	19615	2184	999
合计	94	37779	33545	6276	2845

① 已开工房源套数、建成房源套数、分配房源套数截至2022年6月底。

对保障性租赁住房项目的建设，南宁市采取政府奖补、政策支持、金融扶持等方式，多措并举全力推进。2021年共有6个项目获得保障性租赁住房中央预算内补助资金1.71亿元。2022年共有39个项目申报保障性租赁住房中央预算内资金约5.4亿元，截至2022年6月，已有32个项目获得中央预算内资金3.71亿元，有12个保障性租赁住房项目获得金融贷款支持，涉及资金8.48亿元。

南宁市保障性租赁住房项目70%以上分布在产业园区，重点解决青年创业、产业工人住房保障问题，图2-2-1为典型案例。跟全国各地一样，南宁市保障性租赁住房发展时间才短短1年多，但是项目和房源的筹集速度和开工建设量均排在全国前列，效果非常明显。主要措施：一是市领导高度重视，市分管领导多次研究谋划房源项目筹集，并出台相关政策；二是列入年度考核目标，将保障房建设任务分解到各县城区、开发区年度任务，让他们结合辖区需求承担起建设管理责任主体，并列入政府年度考

图2-2-1　南宁市已建成入住的保障性租赁住房项目——产投江南企业公园

核内容；三是充分利用南宁市是国家住房租赁市场发展试点城市（2020—2022年）经验和资源筹集项目，能够较快地将符合条件的住房租赁项目转为保障性租赁住房；四是进企业进园区大力宣传指导，鼓励社会资本参与；五是优化简化奖补资金申请流程，奖补资金到位较快，优化水电气居民价格申报程序，协助落实税收优惠政策，激发社会参与建设的积极性，形成合力共同推进。

第三节　住房保障政策法规的发展历程

一、单向性保障变为多层次保障

随着市场经济的不断发展，南宁市住房保障政策也跟随住房制度的改革不断演进，根据国家、自治区政策发展变化，结合南宁市实际情况颁布实施、或修订或重新制定保障性住房政策，逐渐形成了种类齐全、多层次保障的住房保障体系。南宁市从1995年只有经济适用住房一类针对中低收入住房困难家庭的单一性销售型保障性住房发展到如今，共形成五类保障性住房，即经济适用住房、廉租住房、公共租赁住房、限价普通商品住房、保障性租赁住房，将最低收入、低收入、中低收入的住房困难家庭全部纳入保障范围，同时对住房困难的本市非低收入家庭和个人、新就业大中专毕业生、外来务工人员、新市民、青年人、普通人才、高层次人才等实行没有收入限制的实物配租和货币补贴住房保障，逐步形成了多层次住房保障政策法规体系。

南宁市针对中低收入住房困难家庭和个人的保障方式越来越多样（图2-3-1）。

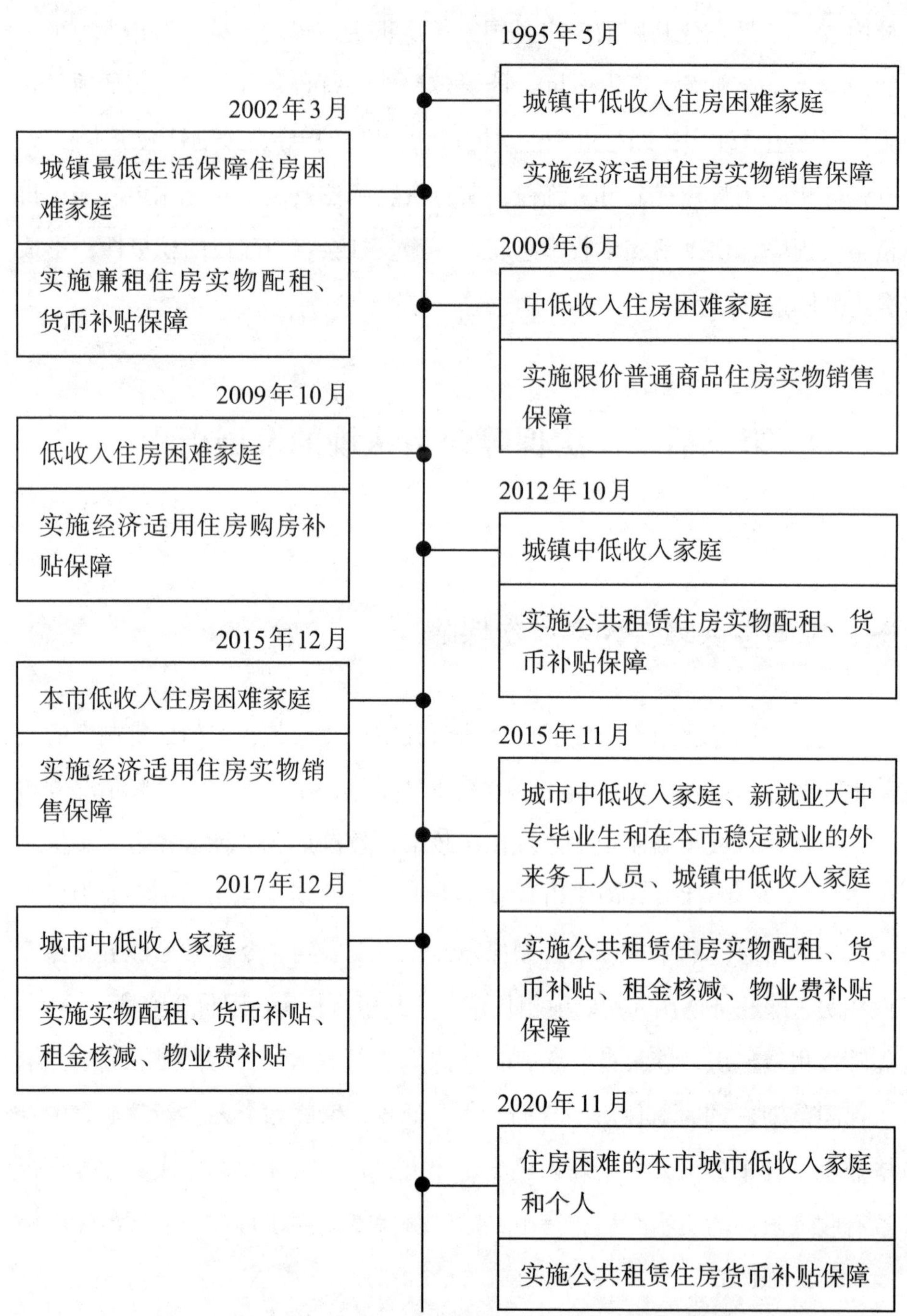

图2-3-1　1995—2020年南宁市针对
中低收入住房困难家庭和个人的保障方式

南宁市对多种住房困难家庭和个人不设收入门槛，逐步扩大住房保障对象范围（图2–3–2）。

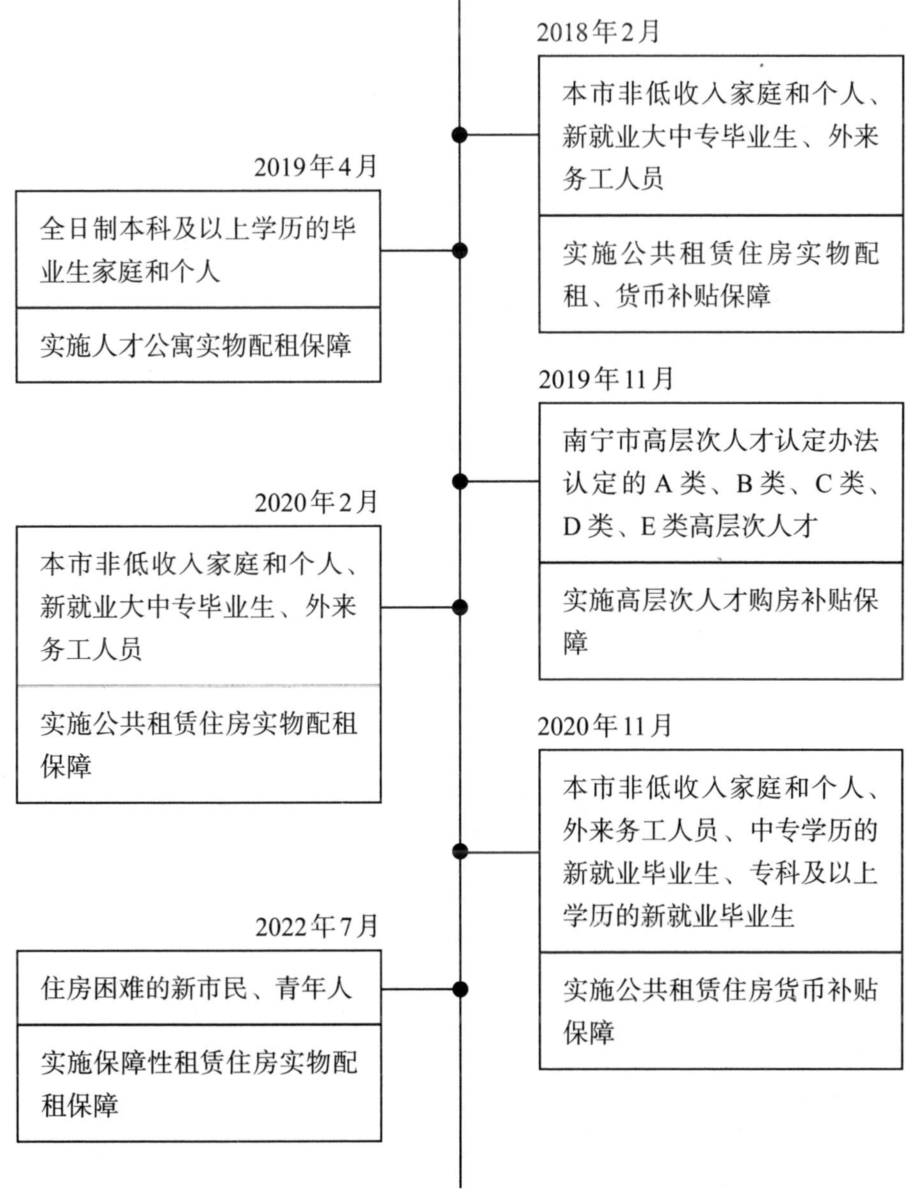

图2–3–2 2018—2022年南宁市对住房困难家庭和个人不设收入门槛的保障方式

二、销售型与租赁型保障严宽相济

保障性住房政策是应保尽保的社会兜底保障性政策，实施过程中要根据不同类型的特点，不断调整、优化和完善政策，制定符合发展实际的保障条件，以实现保障住房真正的惠民安居。南宁市的保障性住房政策，销售型的经济适用住房经历了从保障中低收入住房困难家庭到只保障低收入住房困难家庭的过程，而租赁型保障性住房则实现了从只保障最低收入住房困难家庭发展到保障最低收入、低收入、中等收入住房困难家庭，甚至与不设收入门槛相结合，将住房困难群体全部纳入保障。这种销售型与租赁型保障性住房严宽相济的发展形势，实现了保障性租赁住房租售互补、以租为主，符合保障性住房的发展趋势。

（一）销售型保障门槛从宽到严

作为销售型保障性住房的经济适用住房，供应对象的门槛从宽松到缩窄且不断提高，切实保障每一户真正住房困难的家庭。

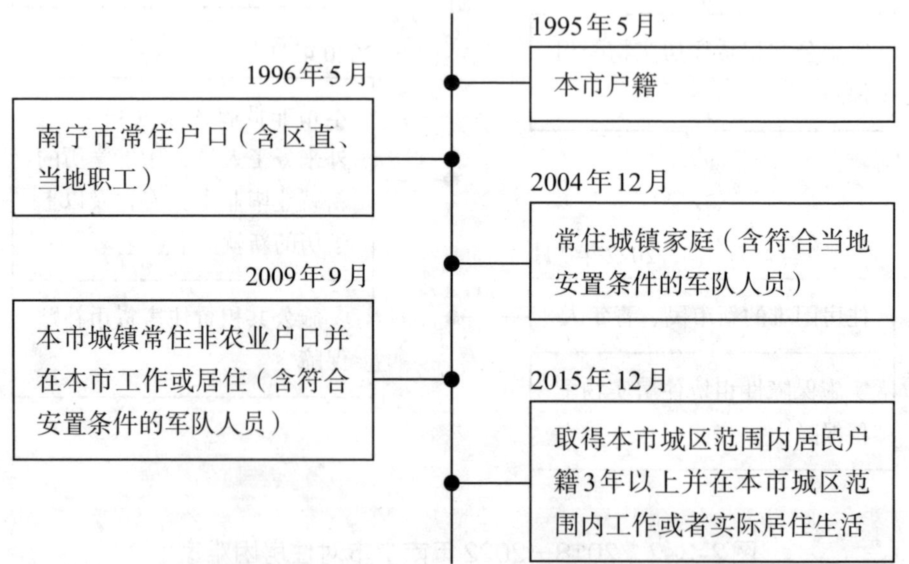

图2-3-3　1995—2015年南宁市经济适用住房户籍门槛变化情况

南宁市经济适用住房保障对象户籍门槛不断提高，户籍限制条件越来越明晰。图2-3-3为1995—2015年南宁市经济适用住房户籍门槛变化情况。

南宁市经济适用住房在1995—2015年期间，保障对象住房困难面积标准不断扩大，但2015年后要求在本市城区范围内无自有住房（图2-3-4）。

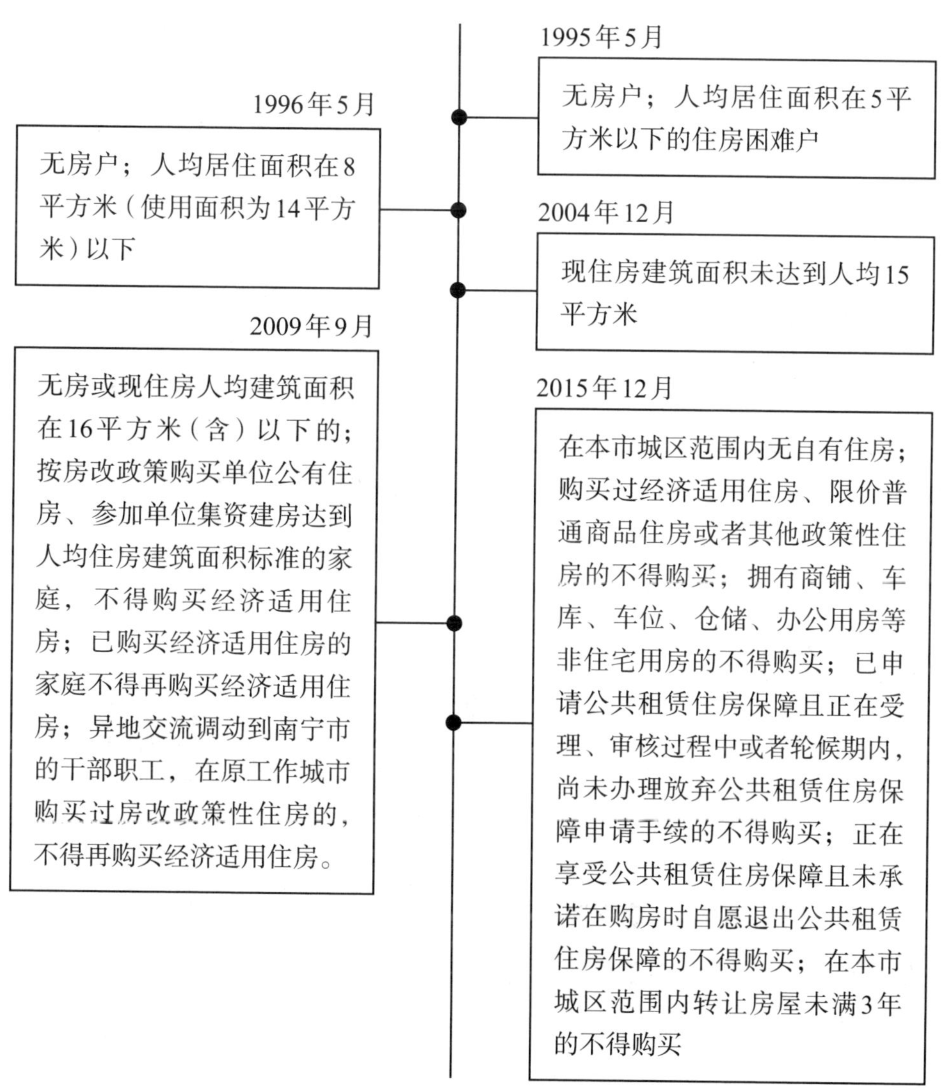

图2-3-4　1995—2015年南宁市经济适用住房保障住房困难标准门槛变化情况

南宁市经济适用住房保障对象收入要求从1995年中低收入逐步降低至家庭人均年收入低于统计部门公布的本市上年度城市居民人均可支配收入的80%（图2-3-5）。

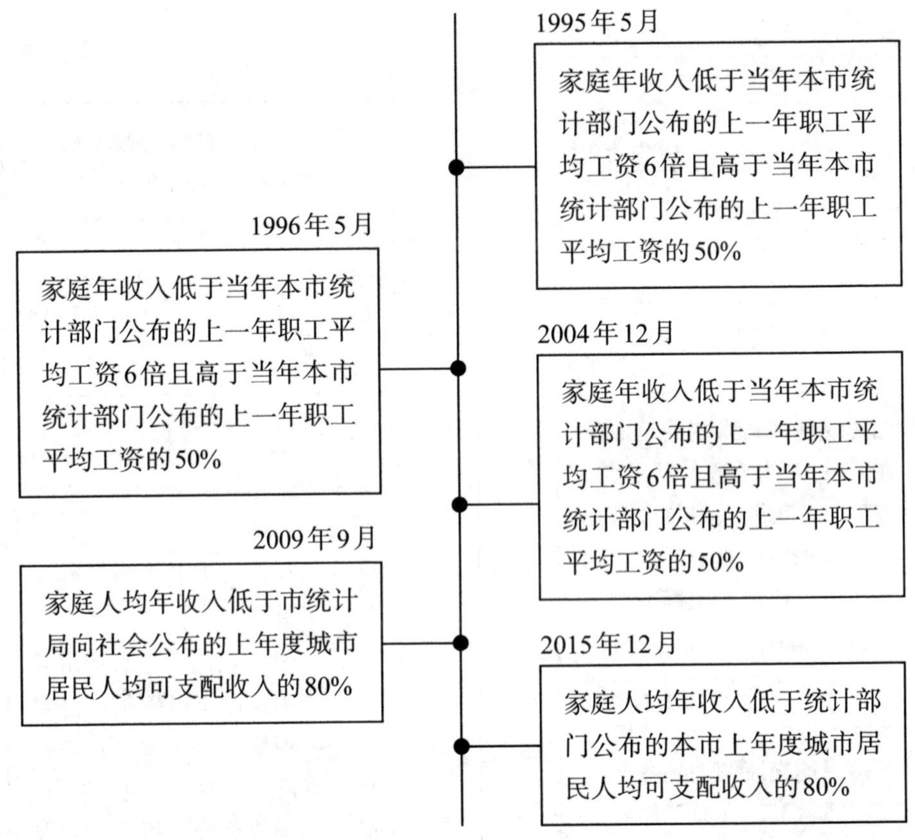

图2-3-5　1995—2015年南宁市经济适用住房收入标准门槛变化情况

南宁市经济适用住房保障对象从1995年只针对家庭户扩大到两人以上的家庭户以及符合年龄条件的单身人员（图2-3-6）。

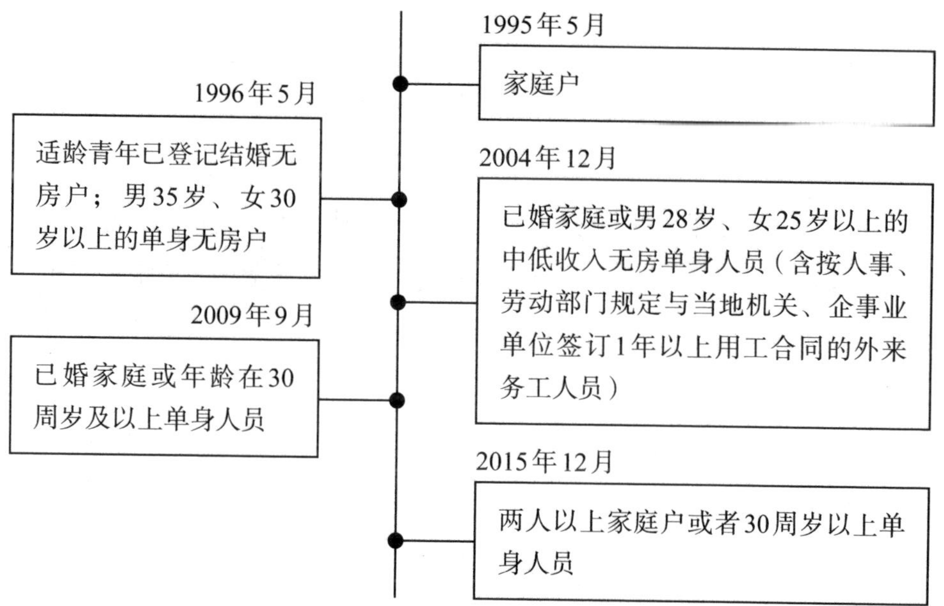

图2-3-6 1995—2015年南宁市经济适用住房保障婚姻、年龄门槛变化情况

符合南宁市经济适用住房申请条件的其他情况也随着南宁市住房发展改革进程不断调整（图2-3-7）。

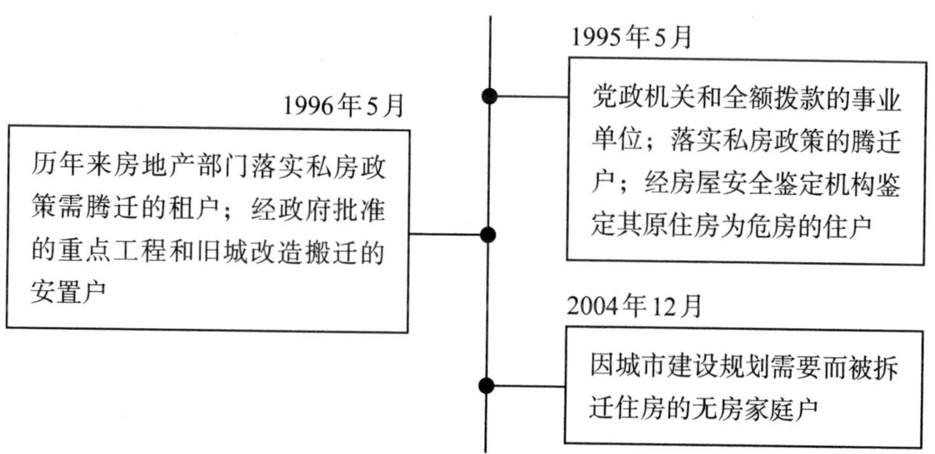

图2-3-7 1995—2004年南宁市经济适用住房保障门槛中符合条件的其他情况

由此可见，经济适用住房的保障门槛全面提高。

（二）租赁型保障门槛从严到宽

与销售型经济适用住房保障条件不断严格形成鲜明对比，南宁市租赁型住房政策不仅在保障对象类别上扩大范围，从本市户籍扩大到非本市户籍，而且在申请条件上通过不设收入和财产要求、放宽房产要求、对申请人拥有非住宅不限制等方式，让更多人符合保障性住房申请条件，不断扩大保障性住房覆盖范围。

南宁市租赁型保障性住房户籍限制从一开始要求家庭成员中至少有1人取得本市常住户口3年以上，到2016年对新就业大中专毕业生和外来务工人员保障类别的户籍不再限制（图2–3–8）。

南宁市租赁型保障性住房保障对象住房困难标准门槛逐渐变化（图2–3–9）。

南宁市租赁型保障性住房保障对象收入从2002年要求家庭人均月收入低于或等于本市城镇居民最低生活保障标准，逐步放宽为分类别制定收入门槛，对本市城市规划区范围内农村家庭和个人、新就业大中专毕业生、外来务工人员、新市民、青年人等群体不设收入限制（图2–3–10）。

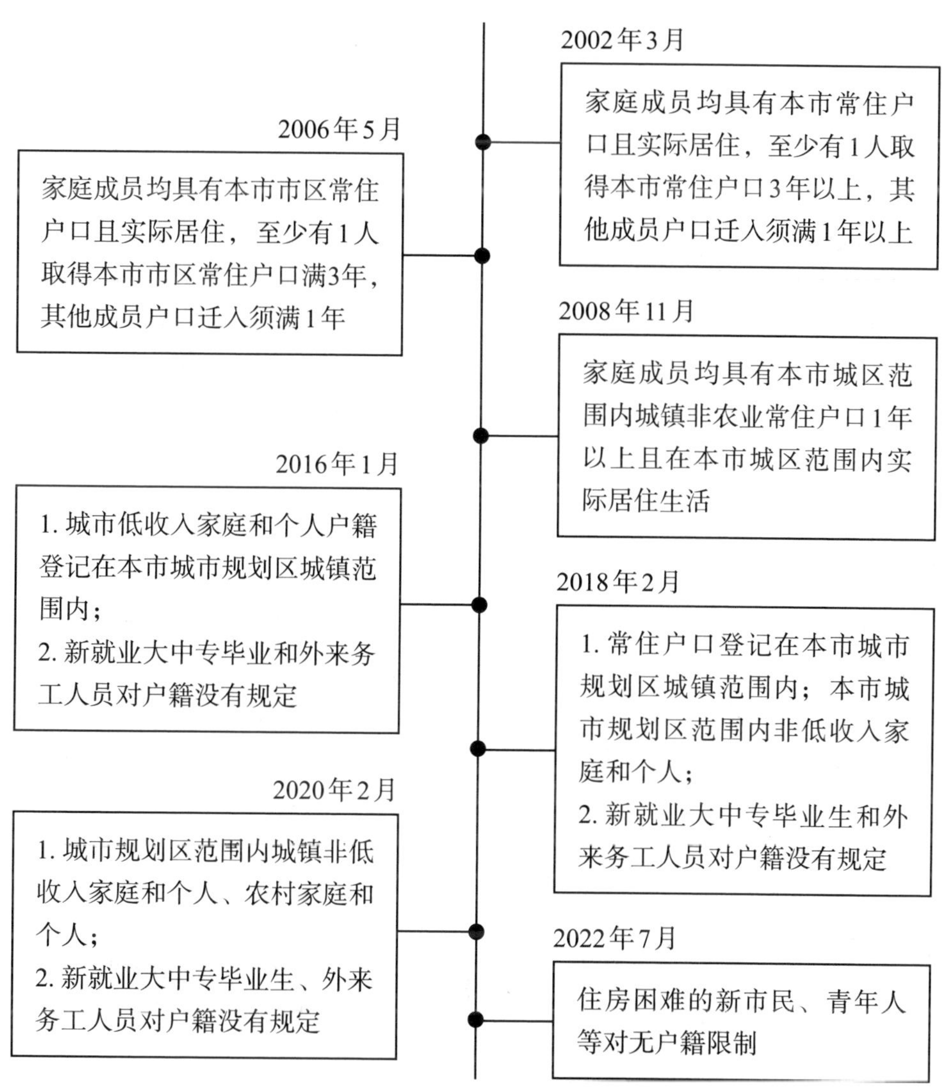

图2-3-8　2002—2022年南宁市租赁型保障性住房户籍门槛限制变化情况

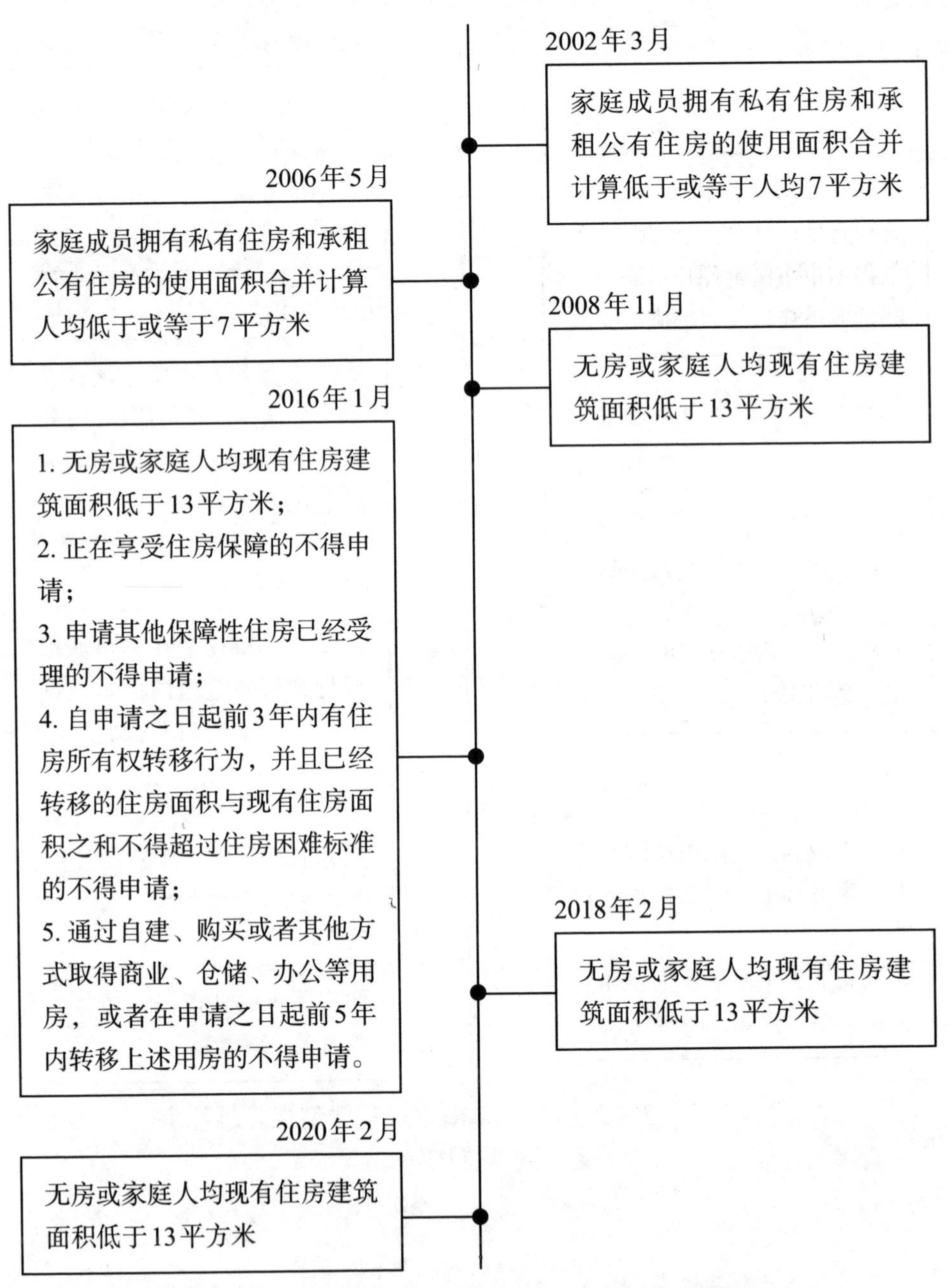

图2-3-9　2002—2022年南宁市租赁型保障性住房保障对象住房困难标准门槛变化情况

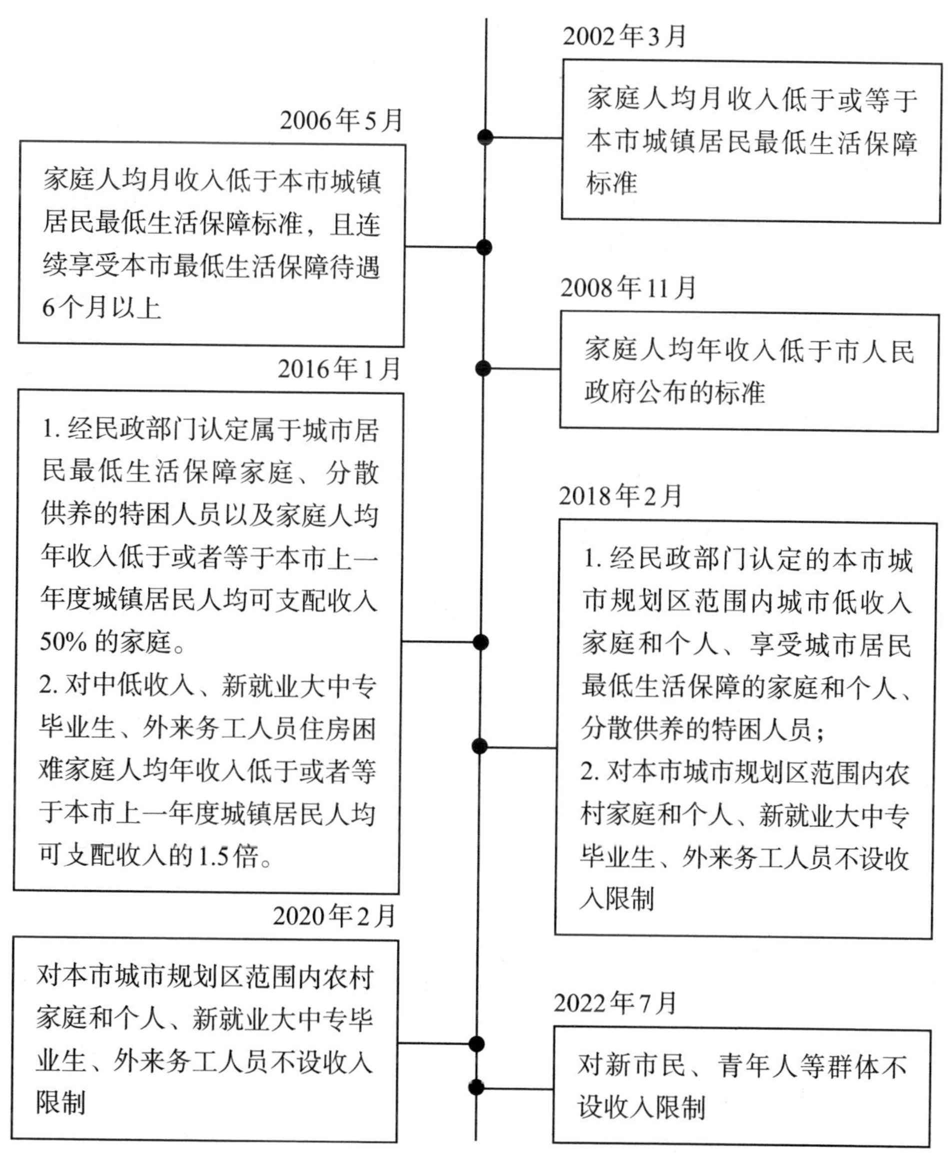

图2-3-10　2002—2022年南宁市租赁型保障性住房保障对象收入标准门槛变化情况

三、单一方式向多种方式并存发展

截至2022年，南宁市共探索出五类实物配租保障性住房，即廉租住房、公共租赁住房、普通人才住房、高层次人才租赁住房、保障性租赁住房，二类销售型保障性住房即经济适用住房、限价普通商品住房，五类货币补贴即经济适用住房购房补贴、廉租住房货币补贴、公共租赁住房货币补贴、人才租赁补贴、高层次人才购房补贴，一类公共租赁住房租金核减，一类公共租赁住房物业费补贴等多种保障方式，进一步完善了住房保障体系，形成了多种租赁型、销售型、补贴并存，体系完善、能保尽保的住房保障模式。表2-3-1为1995—2022年住房困难家庭和个人的保障方式变化情况。

表2-3-1　1995—2022年住房困难家庭和个人的保障方式发展情况

<table>
<tr><th rowspan="4">时间</th><th colspan="13">保障方式</th></tr>
<tr><th colspan="3">销售型保障性住房</th><th colspan="9">租赁型保障性住房</th><th rowspan="3">高层次人才购房补贴</th></tr>
<tr><th colspan="2">经济适用住房</th><th rowspan="2">限价普通商品住房</th><th colspan="2">廉租住房</th><th colspan="4">公共租赁住房</th><th colspan="2">高层次人才租赁住房</th><th rowspan="2">保障性租赁住房</th></tr>
<tr><th>实物销售</th><th>购房补贴</th><th>实物配租</th><th>货币补贴</th><th>实物配租</th><th>租金核减</th><th>物业补贴</th><th>货币补贴</th><th>实物配租</th><th>货币补贴</th></tr>
<tr><td>1995年5月—2002年2月</td><td>√</td><td></td><td></td><td></td><td></td><td></td><td></td><td></td><td></td><td></td><td></td><td></td><td></td></tr>
<tr><td>2002年3月—2009年5月</td><td>√</td><td></td><td></td><td>√</td><td>√</td><td></td><td></td><td></td><td></td><td></td><td></td><td></td><td></td></tr>
<tr><td>2009年6月—2012年9月</td><td>√</td><td>√</td><td>√</td><td>√</td><td>√</td><td></td><td></td><td></td><td></td><td></td><td></td><td></td><td></td></tr>
<tr><td>2012年10月—2019年7月</td><td>√</td><td></td><td>√</td><td></td><td></td><td>√</td><td>√</td><td>√</td><td>√</td><td></td><td></td><td></td><td></td></tr>
<tr><td>2019年8月—2020年12月</td><td>√</td><td></td><td>√</td><td></td><td></td><td>√</td><td>√</td><td>√</td><td>√</td><td>√</td><td>√</td><td></td><td>√</td></tr>
<tr><td>2021年1月—2022年12月</td><td>√</td><td></td><td>√</td><td></td><td></td><td>√</td><td>√</td><td>√</td><td>√</td><td>√</td><td>√</td><td>√</td><td>√</td></tr>
</table>

四、保障范围从局部转向全面

2019年前，对于政策法规的执行保障，是单纯的在政策法规施行后，根据执行需要再出台细化的管理规定。如2006年5月《南宁市城镇廉租住房管理办法》（南宁市人民政府令第44号）施行后，为了更好地执行该办法的租赁住房补贴保障规定，达到最优效果，2006年8月随即出台《南宁市城镇廉租住房租赁住房补贴发放管理若干规定》（南府办〔2006〕151号），对廉租住房租赁住房补贴发放的家庭户、家庭人口、房屋使用面积计算、补贴发放程序、条件等都做了细化，大大提高了政策执行的可操作和规范性。不仅廉租住房如此，经济适用住房、公共租赁住房也是如此。2019年后，为了保障住房保障政策合法、合理、科学地执行，达到制定目的，南宁市在政策法规出台后再出台相应规定增加可操作性的基础上，还通过制定细化制度、质检、抽查、部门联动查处违规等多项制度保障政策的实施效果。

（一）制度细化政策内容提升执行效果

为了进一步贯彻实施各类保障性住房政策，南宁市始终坚持结合本市的实际情况，根据某一政策内容制定多部相对应的实施细则、配套措施等，确保每一项政策法条都落到实处。例如为了保障《南宁市公共租赁住房保障办法》（南宁市人民政府令第7号）执行效果，南宁市住房保障部门先后制定了11个规范性文件，确保办法和规定执行有保障、无死角。如针对公共租赁住房互换的条件、流程等问题，制定了《南宁市住房和城乡建设局关于印发〈南宁市公共租赁住房互换实施细则〉的通知》（南住建〔2019〕4号）；针对公共租赁住房配租的规则、程序、顺序等问题，出台了《南宁市住房和城乡建设局关于印发〈南宁市公共租赁住房实物配租实施细则〉的通知》（南住建规〔2019〕11号）；针对货币补贴发放对象、发放标准等问题制定了《南宁市住房和城乡建设局和南宁市财政局关于印发〈南宁市城市低收入家庭和个人公共租赁住房货币补贴实施细则〉的通知》（南住建规〔2019〕12号）。正是由于多部配套实施细则和制度的保障，公共租赁住房政策得以高效有序执行。

（二）质检保政策执行规范

为提高行政执法质量，规范行政执法程序，正确落实政策执行。南宁市住房保障部门自2018年成立保障性住房执法案卷质检小组，每季度对经济适用住房、限价普通商品住房、公共租赁住房、人才住房等保障性住房执法业务按一定比例进行抽查，对业务办理收件、业务办理流程、行政执法程序、行政执法文书、案卷归档情况等逐一对照相应业务依据的规章、规范性文件规定以及《南宁市行政强制及其他行政执法案卷评查评分细则表》进行质检并形成报告。对于发现的问题及时分析原因，提出整改措施，明确整改责任人和整改时限等，不断促进行政执法行为的规范和执法案卷质量的提高，保障政策正确并有效执行。

（三）抽查保政策执行精确

不定期对申请家庭和个人的人口、婚姻、社保、车辆、房产等家庭情况及实物配租、货币补贴的保障情况进行比对，看其是否符合保障资格和保障方式是否正确，发现有不符合保障资格或骗取资格、骗取保障的，依照政策规定区分不同情形予以取消保障资格、停止保障，补缴相关差价、价款或者退出保障性住房。

（四）部门联动及时查处违规

为保证保障性住房按照政策规定用途使用，确保保障性住房保障的是住房困难群众，南宁市住房保障部门与经济适用住房、限价普通商品住房小区物业服务企业，公共租赁住房、人才住房、高层次人才住房运营单位进行部门联动，确保保障性住房的居住用途不改变。

一是与经济适用住房、限价普通商品住房小区物业服务企业签订《南宁市经济适用住房违规使用查处联动工作服务合同》《南宁市限价商品住房违规使用查处联动工作服务合同》，要求其每月5号前将上个月小区内经济适用住房、限价普通商品住房的闲置、出租、出借、改变用途、涉嫌从事传销、违法活动等使用情况以书面形式报送南宁市住房保障部门。

二是与公共租赁住房、人才住房、高层次人才住房运营单位签订《公共租赁住房运营协议》，要求其配合做好违规违约查处工作，对于涉嫌出租、转租、空置、拖欠租金、改变用途等行为及时报送南宁市住房保障部门。

三是对于保障性住房小区的物业公司、运营单位报送的疑似违反规定使用保障性住房的情况，南宁市住房保障部门通过工作人员上门核查、约谈购房人、承租人等方式，确认其是否属于违规使用保障性住房，对于确属违规使用的，按照规定区分不同情形予以限期整改、取消保障资格、停止保障，责令其补缴相关差价或退出保障。

第四节　住房保障信息化技术支撑的发展历程

信息化建设是南宁市多层次住房保障技术支撑的关键所在。南宁市非常重视住房保障信息化建设，根据南宁市住房保障相关政策及优化营商环境的工作要求，为了提高住房保障管理水平及服务质量，南宁市不断加大资金、技术的投入力度。

自2009年起，南宁市住房保障管理部门先后建成了南宁市廉租住房管理系统、经济适用住房管理系统、限价普通商品住房管理系统、住房保障档案管理系统、公共租赁住房管理系统、人才住房管理系统等，实现了住房保障工作由手工台账管理转为信息系统管理。

2013年采用SOA、MVC、PHP、JS等软件开发与网络技术，架设以南宁市住房和城乡建设局为核心的高速光纤专线网络平台采集一线数据，通过防火墙、入侵防护、安全审计、数据容灾备份等先进技术和措施加强信息安全的保护，形成跨系统、跨平台环境下的全流程数据采集及交互的信息化、规范化、标准化、一体化的综合住房保障管理平台。

自2015年起，南宁市聚焦各业务堵点及难点，不断深化改革，优化业务流程，积极推动跨部门信息实时共享，将"互联网+"、大数据、人工智能、人脸识别、电子印章等新兴技术融合到各住房保障管理系统，实现了住房保障业务的"自助办""网络办""智能办"，有效提高了服务水平及工作效率。经过多年的发展，南宁市已经建成与住房保障政策相吻合的功能齐全、管理先进、便民的一体化系统服务平台。图2-4-1为南宁市住房保障综合平台总体构架。

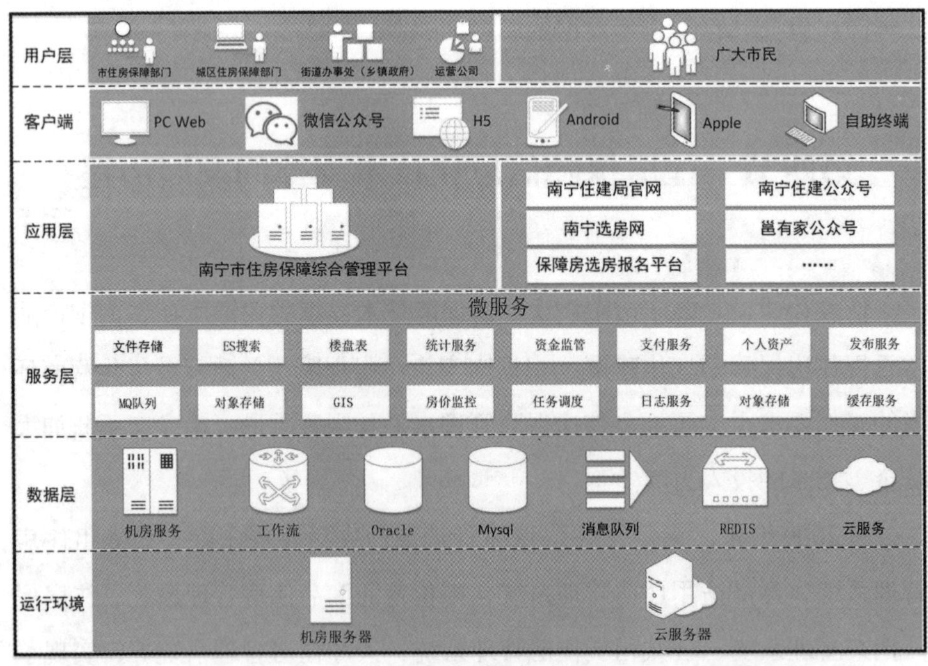

图2-4-1　南宁市住房保障综合平台总体构架

其中，公共租赁住房及普通人才公寓于2020年4月推出的线上签约、线上选房服务模式以及已经研发出的房源即空即配功能在全国具有一定的引领及示范作用。

一、单一系统管理转为平台统一管理

南宁市住房保障信息化建设工作发展迅速，从2009年建成的廉租住房管理系统到2013年建成使用的南宁市住房保障综合平台（以下简称“平台”，图2–4–2）仅用了4年时间，形成了规范化、标准化、一体化的平台，实现了住房保障由单一系统管理转为平台统一管理。平台功能齐全、使用方便、管理先进，基本满足所有住房保障业务开展需要。

（1）功能齐全。一是在平台后端集成了公共租赁住房管理、经济适用

图2–4–2　南宁市住房保障综合平台

住房管理、限价商品住房管理、拆迁安置房管理、住房保障档案管理等子系统，实现了住房保障项目建设、准入、分配、退出、房源管理、运营、统计分析、动态监管等全流程信息化管理。二是在前端（自助服务终端机及政务网站、微信公众号等）通过接口与平台进行数据交互，实现了住房保障业务的在线办理、在线审核。三是通过在平台开设系统监控功能模块，对系统的用户、定时任务、数据、服务进行统一监控管理，以便及时发现并解决系统存在的问题，提高系统稳定性。

（2）使用方便。一是平台实现单点登录，用户只需开通一个账号即可访问各个子系统，解决了以往需要多个账号访问多个系统的问题。二是系统管理员通过平台可以对所有系统权限及用户进行统一管理，根据用户的工作职责分配或者收回相应的系统权限，防止越权办理业务。三是办事群众只需在前端注册账号并实名认证通过后即可线上办理住房保障业务，全程无需到现场提交任何纸质材料，真正实现“零跑腿”。四是办事群众通过在自助终端设备刷个人身份证便可办理相关业务，实现24小时不打烊自助服务。五是街道办事处（乡镇人民政府）、城区住房保障部门、南宁市住房保障部门等部门通过平台可以协同办理各项住房保障业务，部门之间由原来的纸质材料流转审核转化为数据流转审核，无需线下移交任何纸质材料，实现了住房保障准入、分配、退出等全业务流程的在线申请、在线审核和“零跑腿”。南宁市住房保障综合平台用户权限管理界面见图2-4-3。

截至2022年6月底，线上办理业务约20.26万份，自助缴费约6.4亿元、办理资格退出及信息变更约0.3万宗、查询约5.8万人次、打印凭证以及查档约9万份。

（3）管理先进。一是在平台自动记录用户的系统操作记录，方便业务办理出现问题时核查原因，同时对用户起到监管作用。二是在平台增设审核时限预警功能，开放给市住房保障部门、城区住房保障部门、街道办事处（乡镇人民政府）等部门使用，通过在系统设置红、黄、绿三种颜色

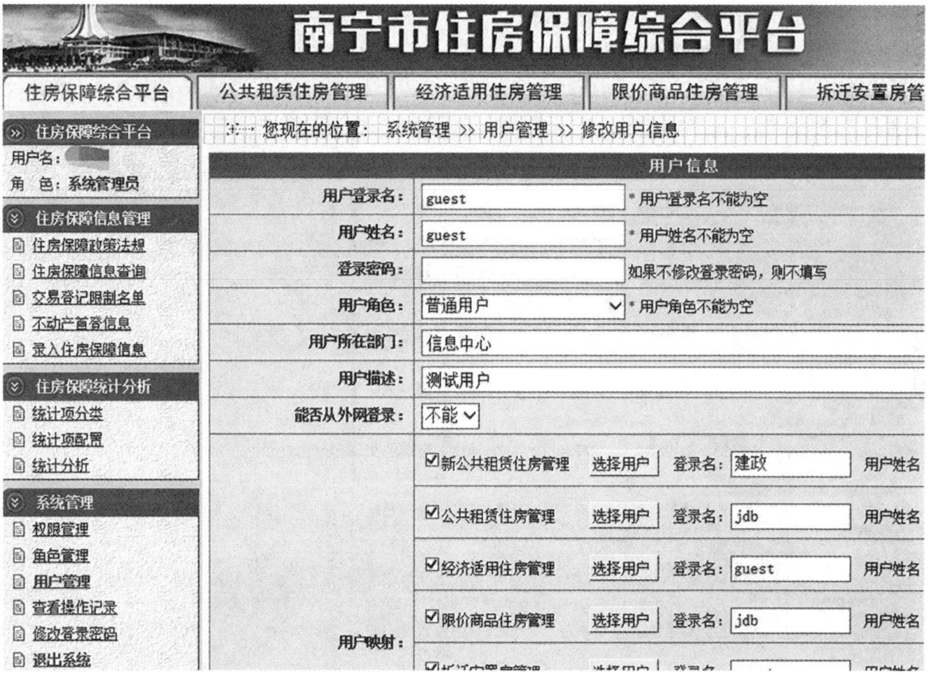

图2-4-3　南宁市住房保障综合平台用户权限管理界面

提醒审核人员在规定时限内完成审核工作，减少审核超期的现象，见图2-4-4。三是在平台接入第三方短信服务接口，实现住房保障业务短信的自动发送，及时向办事群众发送短信告知业务办理情况。四是在平台接入电子印章接口，实现业务凭证电子化管理，建立住房保障电子证照库，有效减少办公耗材，截至2022年6月底，共向群众发放业务电子凭证约16万份。五是实现住房保障家庭动态监管，平台依托房产、户籍、居住证、车辆、养老保险、婚姻等共享信息，自动对保障家庭状况进行核查，筛选出不符合保障资格的家庭并对其进行处理，有效提高保障的精准性。六是形成以政府主导、企业实施、市场运作、智慧管理的四合一运营模式，打造广西首个在住房保障领域采用大数据管理、人脸识别技术、人工智能监测等技术研发的系统，通过视频监管、出入口监管、入户门监管等一系列管理方式，助力公共租赁住房小区实现治安管理的新高度。

南宁市住房保障综合平台

住房保障综合平台 | 公共租赁住房管理 | 经济适用住房管理 | 限价商品住房管理 | 拆迁安置房管理

- 公共租赁住房管理
- 新申请管理
- 重新审核资格管理
- 家庭状况变更管理
- 货币补贴申请管理
- 货币补贴管理选房网
- 信息变更管理
- 用人单位集中申请管理
- 大中专毕业生申请
- 货币补贴管理
- 停止保障管理
- 公租房房源管理
- 保障家庭管理
- 保障信息管理
- 货币补贴发放管理

自治区养老保险信息	是否存在房产交易记录	智能化审核	是否超期审核	受理时间	接收时间	申请方式
查看信息	未确定	待审核	■ 未超期	2023-01-31		线上申请（选房网）
查看信息	未确定	审核不通过	■ 未超期	2023-01-31		线上申请（选房网）
查看信息	未确定	审核不通过	■ 未超期	2023-01-31		线上申请（选房网）
查看信息	未确定	审核不通过	■ 未超期	2023-02-01		线上申请（选房网）
查看信息	未确定	审核不通过	■ 未超期	2023-01-30		线上申请（选房网）
查看信息	未确定	待审核	■ 未超期	2023-01-30		线上申请（选房网）
查看信息	未确定	待审核	■ 未超期	2023-01-31		线上申请（选房网）
查看信息	未确定	审核不通过	■ 未超期	2023-01-30		线上申请（选房网）

图2-4-4　南宁市住房保障综合平台公共租赁住房资格审核时限预警界面

二、人工审核转为智能化审核

根据国务院、广西壮族自治区、南宁市“放管服”及优化营商环境的工作要求，结合南宁市住房保障工作实际情况，2019年开始，南宁市住房保障管理部门在现有信息化建设的基础上开始谋划住房保障业务智能化审核。

为了进一步提高住房保障工作效率，实现业务智能化审核，南宁市住房保障管理部门主要采取了3项工作措施：一是优化业务流程，在满足住房保障政策的前提下，不断精简业务流程，简化办事环节。二是推动跨部门信息实时共享，使平台与不动产、公安、民政、人社、税务等部门实现了房产、户籍、居住证、车辆、婚姻、养老保险、契税等信息的实时共享

（图2–4–5），为智能化审核奠定基础。三是开发智能化审核功能，根据平台基础数据以及跨部门实时共享数据，结合业务审核条件，研究制定智能化审核规则，依托网络、大数据、人工智能等技术对平台相关功能模块进行改造，由系统即时自动进行数据比对、判断，审核全程无需人工干预，即时出审核结果，极大提高了审核工作效率。目前已实现公共租赁住房资格申请、重新申请资格审核、家庭状况变更、货币补贴申请、资格退出、信息变更、选房，经济适用住房资格申请、选房、资格退出、信息变更，普通人才公寓选房，拆迁安置房转全产权及保障房和房改查档等14项业务的智能化审核。

截至2022年6月底，智能化审核业务量约16.86万宗。

图2–4–5　南宁市住房保障综合平台信息实时共享及公共租赁住房资格智能化审核界面

三、被动提供服务转为主动促进业务

随着信息化建设的不断发展，让业务办理更加便捷，以及群众住房需求的不断提高，出现了区域性公共租赁住房房源少、轮候家庭多的问题。在房源相对不足的情况下，为了最大限度地解决轮候问题，唯有提高房源分配效率和使用率，减少房源空置时间。

2020年，南宁市住房保障管理部门建设了线上选房分配系统，入围的申请人通过手机或者电脑在微信公众号等网络平台注册并实名认证后，在规定的选房时间内进入选房平台进行签到和选房，申请人点击“开始选房”后，系统会在2分钟内随机抽取一套房源并锁定，申请人点击“确定”后选房结束，同时会收到选房成功的短信，实现房源分配由原来的3个月分配1次的频率，提高到“月月有房分”的分配频率。

2022年提出房源即空即配目标，并开发了相应的即空即配系统功能，系统通过精准识别房源状态以及轮候家庭房源报名情况，实现房源即时分配，最大程度提高了房源分配效率。

截至2022年6月底，线上选房约2.54万户。

四、信息化建设实现自主可控

为了满足不断变化的住房保障业务需求，南宁市住房保障管理部门专门组建了技术团队，负责住房保障管理系统的研发、运行和维护，通过自主建设的方式可以根据工作需要随时调整或者开展信息化建设工作，定制开发各种适用南宁市本地特点的信息管理系统，提高信息系统的适应性、稳定性和可控性。当业务部门提出新的业务需求时，技术团队可以迅速响应并对系统进行升级研发，以最高效率满足各项住房保障工作开展的需要；当住房保障政策有变化时，技术团队可以提前介入研发相应的信息管理系统，确保政策出台时业务的正常开展；当系统出现异常时，技术团队可以全天候响应并解决问题，确保系统稳定运行。

五、信息化建设与住房保障政策深度融合

为了高效地推进住房保障信息化建设工作，使信息化建设能够与住房保障政策相吻合，让技术人员能够快速、全面地理解各项信息化建设需求，南宁市住房保障管理部门要求技术团队在做好信息化建设工作的同时，要加强住房保障政策的学习，让每个技术人员既是技术能手又是业务能手，既能从业务的角度开发更加人性化的信息管理系统，又能从技术的角度开发能够规避业务风险的信息管理系统，使信息化建设能够和住房保障政策深度融合。一是要求技术人员定期到业务部门调研，收集业务部门反映的系统问题及业务需求，并进行分析解决。二是安排技术人员轮流到业务部门驻点工作，通过现场面对面交流的方式，不仅可以及时解决出现的系统问题，还能有效地学习住房保障政策。三是要求技术人员参加南宁市住房保障管理部门举办的住房保障政策培训班，系统地学习各项住房保障政策。

六、信息化建设流程规范有序

为了提高住房保障信息化建设的工作效率，避免系统重复建设情况的出现，南宁市住房保障管理部门经过多年的探索，总结出了适用本地信息化建设工作流程（图2–4–6），流程迎合了业务需求，较好实现了业务与技术的结合。按照该流程开展信息化建设工作以来，未出现任何信息管理系统返工或者重大调整的情形，有效提高了信息化建设的工作效率，保障了各项住房保障工作的正常开展。

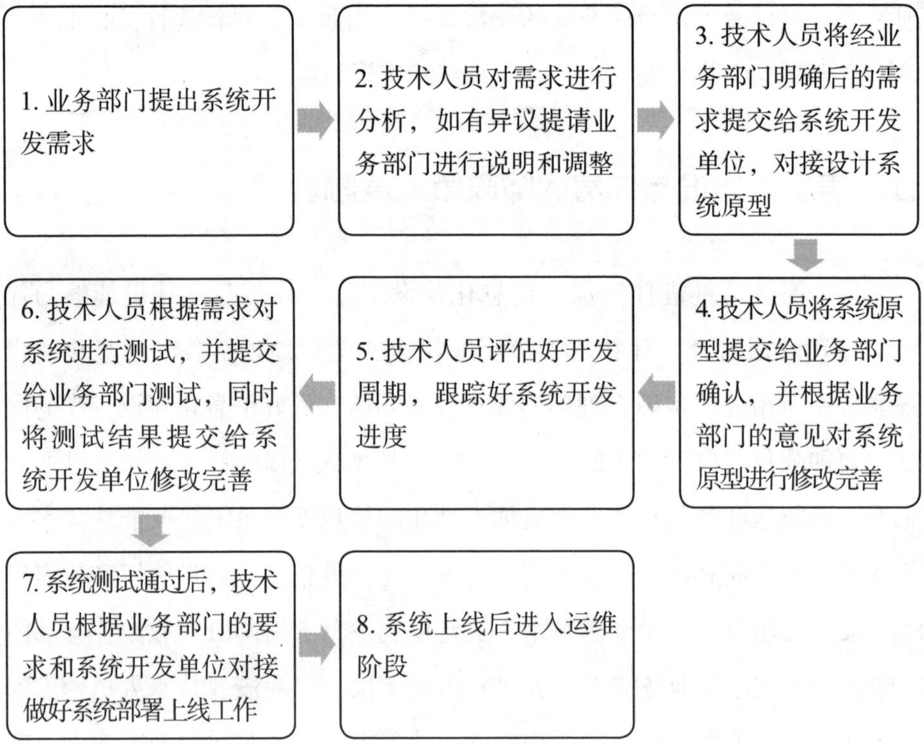

1. 业务部门提出系统开发需求

2. 技术人员对需求进行分析，如有异议提请业务部门进行说明和调整

3. 技术人员将经业务部门明确后的需求提交给系统开发单位，对接设计系统原型

4. 技术人员将系统原型提交给业务部门确认，并根据业务部门的意见对系统原型进行修改完善

5. 技术人员评估好开发周期，跟踪好系统开发进度

6. 技术人员根据需求对系统进行测试，并提交给业务部门测试，同时将测试结果提交给系统开发单位修改完善

7. 系统测试通过后，技术人员根据业务部门的要求和系统开发单位对接做好系统部署上线工作

8. 系统上线后进入运维阶段

图2-4-6　信息化建设工作流程

第五节　住房保障发展取得的成效

南宁市住房保障工作经过30年的建设与发展，克服经济薄弱、人才不足、经验缺乏、技术不强等西部城市普遍存在的困难，通过艰辛的探索和大胆实践，取得较为丰硕的成果，为构建和谐南宁，推动首府经济社会高质量发展做出了应有的贡献。

一、实现了应保尽保的住房保障目标

住房保障的目标就是政府对城市低保低收住房困难家庭的保障问题进行兜底，实现应保尽保。为实现这个目标，南宁市在具体工作中，着重在识别和保障上下功夫。

一是精准保障应保尽保的存量。与民政、残联等部门建立信息共享，并建立市本级低保低收住房保障家庭数据库，对存量精准化管理优先进行保障。通过应保尽保家庭数据库优先保障的办法，仅2012—2021年十年间，就解决了41672户低保低收困难家庭的住房保障问题。

二是及时纳入应保尽保的增量。深入开展年度调查摸底，实时掌握全市范围（包括市属各县区）内的低保、特困家庭住房增量，增补住房保障应保尽保家庭名录库，专人跟踪服务，不落一人一户，做到住房保障工作100%覆盖城市的低保低收住房困难家庭。2021年南宁市人民政府组织各县、各城区（开发区）力量开展全市范围的低保、特困家庭情况调查活动，截至2021年底，全市共有11330户、21632人低保或特困家庭符合住房保障条件，剔除已得到住房保障或不愿意申请外（如有残疾需要和亲人住在一起等），尚有1389户、3002人符合住房保障条件且愿意申请的困难

家庭，其中，市区有1102户、2452人，各县及武鸣区、东盟开发区共287户、550人，当年已全部落实好住房保障。

三是做好住房保障资格审核的信息共享。与公安、民政、社保、不动产管理、房改、铁路等部门建立信息共享工作机制，通过网络渠道可以直接查询申请家庭的人口、户籍、房产、婚姻、车辆、死亡、社保等关键信息，坚决把好准入关口。

四是对正在保障的家庭，定期开展信息化核查。根据工作需要，利用数据库信息，每月或每季度对公共租赁住房实物或货币保障家庭进行人口、房产、婚姻等信息的比对核查，定期对经济适用住房保障家庭情况进行核查。通过这种方式，每年都筛查出上百户不符合条件的公共租赁住房保障户，经济适用住房也查出涉嫌违规、需要进行整改的家庭。

二、构建了比较完整的住房保障政策体系

经过几十年的发展，南宁市已经建立起国家要求的各种类型的住房保障政策体系，为有序开展保障工作提供了制度支持。这些政策体系可以分为综合类制度、专项类制度、操作类制度等三个种类。

综合类制度主要指住房保障发展规划、成立住房保障组织机构、开展全市住房保障工作指导意见等。南宁市从“十一五”规划期开始就制定本市住房保障发展规划，将住房保障工作列入政府年度工作内容。

专项类制度是指每一种类型的住房保障，都有专门的管理规定。这些规定从管理主体、管理对象、建设标准、土地供应、资金筹措、准入条件、申请审核程序、配租配售、退出要件等方面进行明确规定，南宁市对四种类型住房保障均有各自的管理规定，并且这些规定目前都在执行。

操作类制度是指导具体业务实施而制定的规则、细则或程序。南宁市住房保障的操作类制度较多，尤其在经济适用住房和公共租赁住房方面。

这些操作类制度主要是住房保障主管部门根据业务工作需要，并结合专项管理制度内容而制定出来的具有很强的业务操作性的规范性文件，综合类制度和专项类制度一般是由南宁市人民政府或政府办公厅制定。

南宁市住房保障制度体系建设紧跟国家政策步伐，起步比较早。1994年12月15日，建设部等部门印发《城镇经济适用住房建设管理办法》（建房〔1994〕761号），南宁市在当年就启动了第一个经济适用住房项目建设，并于1995年5月26日颁布实施《南宁市经济适用住房建设管理办法》（南府发〔1995〕79号）。2003年12月31日，建设部等部门颁布实施《城镇最低收入家庭廉租住房管理办法》（国家税务总局令第120号），南宁市在当年也开工建设廉租住房第一个项目——龙翔苑。2012年7月15日，住房和城乡建设部颁布实施《公共租赁住房管理办法》（住房和城乡建设部令第11号），2012年10月15日，南宁市就颁布实施《南宁市公共租赁住房管理暂行办法》（南府发〔2012〕93号）。

其次，与时俱进，不断完善。纵观我国住房保障发展历史，国家对住房保障重点发展方向有四次调整，第一次是1998年国家明确要求重点发展经济适用住房，第二次是2007年提出要重点建立和完善廉租住房制度，第三次是2011年提出要重点发展公共租赁住房，第四次是2021年提出要重点建立保障性租赁住房、公共租赁住房和共有产权房的住房保障体系，南宁市住房保障制度也很快被相应做出多次修改和完善，其中，经济适用住房管理办法修改了7次、公共租赁住房（包括廉租住房）管理办法修改了6次，限价房管理办法修改了2次，见附录2。

三、构成了供需总体平衡的住房保障新格局

截至2022年6月底，包括棚户区改造安置房在内南宁市本级累计开工各类保障性住房217420套，其中公共租赁住房开工66214套，建成59314

套；经济适用住房开工并建成54008套；限价普通商品住房开工并建成7563套；保障性租赁住房开工22565套，建成4418套。货币补贴累计解决了6万多户住房保障问题，补贴资金3.9亿元，全市的住房保障累计解决了数十万住房困难家庭保障问题，既解决了本市户籍的低保、低收、特困等住房困难家庭的保障问题，又解决了本市非低收入家庭、外来务工、新就业青年、引进人才等群体的住房保障问题，南宁市住房保障工作不仅取得了良好的社会效应，也取得了推动首府产业经济发展的良好经济效应。不管是保障房源还是货币补贴，南宁市的体量均占全区的1/3以上，保障性租赁住房则占90%以上，使更多的市民享受到住房保障的好处，很好体现租赁型保障的共享性特点。

南宁市住房保障规模比较大，不断满足不同层次的住房保障需求，基本做到供需总体平衡。住房保障首先就是要解决城市低收入住房困难家庭的保障问题，满足此类群体的保障需求，做到应保尽保，在此基础上再解决其他类别的住房保障问题。南宁市的住房保障工作较好实现了这个目标，优先满足低收入家庭的住房保障需求。以2012—2021年的公共租赁住房、经济适用住房供需为例，十年期间共解决了18094户低收入家庭的经济适用住房保障问题、41672户低收入家庭的公共租赁住房保障问题，做到低收家庭申请保障住房无跨年度轮候现象。在其他保障类别方面（即非应保尽保类型），2012—2021年南宁市本级获得经济适用住房申请资格的家庭为26729户，而供应的经济适用住房共18965套，获得公共租赁住房资格为152983户，供应房源总量为51868套，从表面看，就是算上货币补贴和房源周转（即一套保障房在一个时期内可以周转保障多户家庭），也还属于供不应求的状态。但实际情况却是这样，2022年6月，南宁市本级尚有1300多套位置适中、配套较好的经济适用住房销售不出去，处于供大于求的状态。公共租赁住房方面，实物配租每次推出可分配的房源时，也有10%左右的房源无人选择，如2021年南宁市本级公共租赁住房共推出6

批次房源分配，涵盖34个小区，共计14579套住房，累计66305户成功报名，13072户成功选房，但最后仅有12473户家庭签约，有2106套房源剩余，占比为14.5%。其中，单间配套房源的签约率不足80%，一房一厅、二房一厅的签约量也不足90%。这些都说明了南宁市公共租赁住房房源总体相对充足，在某些区域甚至还相对过剩，住房保障刚性需求相对不足。

此外，南宁市还有着充裕的货币补贴保障，却少有问津而愿意轮候等房。南宁市住房保障采取“双腿走路”的办法，允许保障家庭在取得货币补贴保障的同时，仍然可以轮候实物配租，也就是说，申请货币补贴不影响等房，在这样的好政策面前，这些轮候家庭却无动于衷。2021—2022年，仅有40131户家庭通过申请货币补贴获得住房保障，其中，非低收入住房困难家庭仅有12759户，占比为9.8%。这些现象说明，在完全解决低收入住房困难家庭保障之后，那些非低收入家庭的保障刚需没有想象中那么强烈，他们愿意花更多时间来选择住房保障方式及合适的保障房源。再加上2021—2022年发展的保障性租赁住房3万多套（“十四五”时期全市建设8万套），也可满足社会对保障住房的多方位需求。因此，可以这么说，南宁市保障住房的供需关系，在某个阶段、某个时期、某个区域、某种类型可能存在不匹配现象，但从总体和有效需求上看，是保持着良性的平衡状态。国家在不同时期重点发展的住房保障类型，南宁市均能及时调整并大量发展，使重点发展的保障类型房源占主导地位，满足群众需求，达到供需总体平衡。

四、形成了特色鲜明的住房保障新模式

一是形成高效的决策模式。建立市级层面的工作机制，成立由市长担任组长的市住房保障安居工程领导小组，统筹指挥协调全市住房保障工作。在项目安排上，先由各城区、开发区开展本区域的需求调查并提出

保障需求信息，然后南宁市住房保障部门根据市本级需求和上级下达的任务情况，进行平衡和任务分解，呈报市级领导小组审定。领导小组审定之后，各城区、开发区务必要根据保障住房的建设量相应提出项目落地计划，由南宁市住房保障部门提出建设条件意见书，建设条件意见书主要审查保障房类型、套数、面积及公共设施配套等情况，审查通过之后，则列入年度督查和绩效考核等内容，确保项目按期开工建设。这个决策模式较好地解决了供需平衡、职住平衡及项目设施配套等问题，有助于推进项目落地及项目使用效果。

二是形成多渠道的资金筹集模式。南宁市保障住房数量实现从少到多，但在政府直接投入上实现从多到少的转变，关键就在筹集模式上创新。在房源筹集方式上，通过政府投资建设和购买为主、社会资本投资为辅等方式筹集公共租赁住房，解决城市低收住房困难的兜底性保障问题。通过社会资本投资为主建设经济适用住房和限价房，解决城市中低收入者家庭住房困难问题。通过以社会投资为主、政府奖补为辅的方式建设保障性租赁住房，解决外来务工人员和青年人的住房保障问题。在资金筹集方式上，对低收家庭保障的货币补贴及租金核减，争取上级资金支持，对非低住房困难家庭和各类人才的货币补贴保障，以市财政为主，企业投资的保障住房租金标准，只控上限，鼓励企业以低于市场标准出租经营，多措并举，多向发力，壮大保障住房及资金筹集力度。

三是形成“管”“服”分离的专业运营模式。在保障住房管理和服务方面，南宁市推行“管”“服”分离模式，即通过购买服务的方式，将保障住房小区的运营管理委托给市属国有平台公司负责，平台公司根据运营协议为广大住户提供贴身、周到、专业的服务，管理部门根据规定进行抽查、考评。这种服务模式较好地解决了管理部门人手不足、发现问题不及时、解决问题不迅速等问题，保障了住房物业费收缴率在98%以上，群众认可度较高，取得了良好的社会经济效益。

五、推动了“管服”改革走在全国前列

一是率先推出公共租赁住房线上选房“管服”模式。2020年4月，南宁市率先开发使用公共租赁住房线上报名、线上选房、线上签约的管理平台，办事群众通过手机或PC端即可办理从报名到入住的全部手续，实现“零跑腿”，选房效率提升了90%。

二是率先建立进退有序管理模式。为解决行业普遍存在的公共租赁住房腾退难问题，率先建立不动产登记联动协同机制，有意向购买其他住房的保障户，必须腾退公共租赁住房后方可办理不动产登记，三年来已有9457户主动退出公共租赁住房。创新简易收房程序，运营公司会同社区、物业创设联动劝退机制，对不符合保障条件的家庭进行简易收房，成功收回了1063套公共租赁住房。建立房源互换平台，满足保障户因工作、生活状况发生变化的住房保障需求，目前已有516户家庭通过该平台成功调换房源。

三是率先推出即空即配保障住房分配模式。利用大数据技术，实时掌握保障房源状态，明确房源进退期限和维护维修时限，通过房源管理预警系统将可分配的房源及时识别、及时分配，减少空转期，做到房源即空即配，最大化提高保障住房的使用率。

四是率先实现一站式服务模式。依托保障房智慧管理信息系统，租户用手机微信即可办理选房、签合同、入住、交租、报修、退房等所有业务，实现最快5分钟完成线上签约，签约即入住；支持线上支付、银行代扣多渠道缴费；针对房屋维修、电梯和消防设施分类别优选专业单位，并将维修管理全过程纳入系统平台办理及监管，维修及时率达97%。推行智慧云监管服务，在保障房小区安装智能门禁系统，实现人脸识别进出、陌生人报警、访客管理等多种功能，精准识别租户身份，避免转租、转借等现象，有效解决保障房转租、转住、欠租、小区安全等问题。提供“一键呼救”等个性化服务，满足独居老人、重残重疾等特殊困难群体的个性化需求。

第三章

南宁市多层次住房保障体系建设形成“南宁模式”

第一节　建设模式

一直以来，南宁市认真贯彻落实党中央、国务院和自治区党委、政府的决策部署，以保障民生、促进社会和谐稳定为出发点，及时跟进国家政策的步伐，加快推进城镇保障性住房建设。从1994年开始，先后推出了经济适用住房、廉租住房、限价普通商品住房、公共租赁住房以及保障性租赁住房等多种类型的保障性住房。以政府为主导，鼓励社会多主体参与，通过政府自建、代建、购买、社会投资、配建等多种方式筹集资金建设保障性住房，逐步构建起多层次的住房保障体系。截至2022年6月底，南宁市市区累计建成各类保障性住房125303套，其中经济适用住房54008套，限价普通商品住房7563套，公共租赁住房（包括廉租住房）59314套，保障性租赁住房4418套（间），有效地改善了城市住房困难群体的居住条件。

在保障性住房建设方面，南宁市立足现实，紧跟时代步伐，通过不断摸索创新，形成了颇具地方特色的建设发展模式。

一、建设主体从一元到多元

这里的一元主要是指以政府为主导的保障性住房建设，多元是指以国有企业、私营企业、机关事业单位为建设主体的保障性住房建设。南宁市保障性住房的建设与发展，是积极响应和创新落实国家住房保障政策的过程，经过不断努力，基本形成了种类齐全、多层次的住房保障体系。投资建设主体从以政府为主导，演变到国有企业、私营企业、机关事业单位多主体共同参与建设的多元化发展局面。

经济适用住房是南宁市出现的第一种类型保障性住房，也是住房制度改革后向社会推出的第一种类型保障性住房。1993年，首个经济适用住房项目明秀二区以解困房的形式出现，主要由政府主导，组织国有企业开发建设。1995年南宁市人民政府颁布实施了第一部经济适用住房管理办法，即《南宁市经济适用住房建设管理办法》(南府发〔1995〕79号)(以下简称经适房建设管理办法)，明确了经济适用住房项目的70%经济适用住房必须按政府审定的价格定向销售，其余的30%可以作为商品住房出售。建设资金来源有财政资金、银行贷款、企业自有资金等。作为住房制度改革的起步阶段，这一时期经济适用住房的建设以政府主导投资建设为主。此后，作为经济适用住房组成部分的单位集资建房、合作建房也逐渐出现，这一类经济适用住房由各单位负责主导组织实施，这种类型的经济适用住房有点类似单位的房改房，主要面向本单位职工供应，具有一定的局限性。

2004年，南宁市人民政府对经济适用住房管理制度进行了修改更新，颁布实施了《南宁市经济适用住房管理暂行办法》(南府发〔2004〕109号)，规定以经济适用住房名义取得的划拨用地，必须全部用于经济适用住房建设，价格按照保本微利的原则，限定经济适用住房项目利润比例。此时，经济适用住房的建设已经由最初的以政府主导建设，发展到以国有公司、私营公司为建设主体上来。政府通过制定、完善制度，给予金融、土地、财税等方面优惠政策，鼓励社会多方参与，引导经济适用住房的建设进入多元化发展阶段。到了“十一五”时期，经济适用住房建设规模达到顶峰，成为南宁市主要的保障性住房类型。

进入21世纪后，南宁市出现了第二种类型的保障性住房，即廉租住房(公共租赁住房与廉租住房并轨运行之前，最早是以廉租住房的形式出现)。2003年开始，南宁市便尝试通过向市场直接购买符合要求的小户型住房作为廉租住房安置城市低收入住房困难人群，政府购买的第一个项目是龙翔苑，共购买廉租住房556套。以政府为主体向市场购买的廉租住房有户型小、数量多、单价低等条件，市场上符合这些条件的项目很少，因此难以通过购买的途径满足社会需求。考虑到由政府作为投资建设主体集中新建的廉租住房其单价会更低，故南宁市在购买的同时，也积极筹划通过自建的方式建设廉租住房。“十一五”时期，廉租住房的自建数量远超购买数量，廉租住房的建设变成了以政府自建为主。

2011年，国家要求大力发展公共租赁住房，第三种保障性住房开始出现。相对于廉租住房，公共租赁住房的租金会更高，此外，政府出台政策允许公共租赁住房项目配套建设一定比例的商业用房，不仅公共租赁住房项目的投资回报率会高些，而且这一时期房地产市场火热，房地产开发企业资金较充裕，社会参与公共租赁住房、廉租住房建设的积极性较高。南宁市及时利用这些有利条件，在自建的同时，充分发挥企业的专项优势，积极引导社会资金参与公共租赁住房、廉租住房的建设，多渠道、多主体建设公共租赁住房和廉租住房，开启了政府加社会多元化建设，全方位推进公共租赁住房、廉租住房发展的局面。“十二五”时期，多元化、多主体建设直接助推了公共租赁住房、廉租住房的快速发展，公共租赁住房、廉租住房的建设规模达到顶峰，接替经济适用住房成为南宁市保障性住房的主力军。

进入“十四五”时期，南宁市的保障性住房出现了新类型，即保障性租赁住房。保障性租赁住房的发展最先是以政府通过资金奖补，主导发展的市场住房租赁试点为主。2021年6月，国务院办公厅下发了《关于加快发展保障性租赁住房的意见》(国办发〔2021〕22号)，当年，南宁市便大规模推进保障性租赁住房建设，形成了以社会新建、改建、盘活项目为主，政府给予资金奖补为辅的多元化发展模式。其中新建类项目主要利用集体经营性建设用地、企事业单位自有闲置土地、产业园区配套用地以及部分新供应的国有出让用地集中新建。改建类项目主要利用闲置和低效利用的商业办公、旅馆、厂房、仓储、科研教育等非居住存量房屋，在权属不变、满足安全要求、尊重群众意愿的前提下改建成保障性租赁住房。盘活类项目主要是将户型面积符合规定的各类政策性住房，包括市场租赁住房、人才租赁住房、公共租赁住房、回购的经济适用住房、竞配产权移交房、棚户区改造安置房等各类住房，纳入保障性租赁住房范围。保障性租赁住房只租不售，在保证权属不变的前提下，按照“谁投资、谁收益”的原则，鼓励社会各主体投资建设。“十四五”时期，南宁市将新建8万套（间）保障性租赁住房，保障性租赁住房将成为南宁市保障性住房新的生力军。

每一种保障性住房的出现，最初都是以政府为主体，政府主导，然后引导社会积极参与。每一时期保障性住房的发展成就，都是政府与社会携手努力的结果。在保障性住房的建设筹集方面，政府作为建设主体，从一开始便逐步弱化，最终发展成政府加社会多元化发展，政府在土地供应、资金筹集方面的压力逐步减轻，但保障性住房的总量却逐渐增多，住房保障获得了可持续、良性循环发展。

二、建设户型从中大到微小

南宁市保障性住房户型面积的大小，涉及建造经济成本、老百姓需求以及土地的供应等多方面因素，其发展变化经历了不断摸索、完善规范的过程，建设户型经历了从中大到微小的转变。

南宁市经济适用住房的建设户型，由粗放型向精细化发展。2004年以前，南宁市的经济性适用住房发展处于粗放型的探索发展阶段，1995年南宁市出台了《南宁市经济适用住房建设管理办法》(南府发〔1995〕79号），明确经济适用住房的管理主体是南宁市房地产管理局，户型面积要求是“应以两房一厅为主，适当建设一房一厅和三房一厅类型，平均每套住宅建筑面积标准一般控制在55平方米以下”，房源供应对象是中低收入的家庭住房困难户。此时，虽然管理办法明确经济适用住房的主管部门是南宁市房地产管理局，但在推进经济适用住房建设中起主导作用的却是南宁市房改办。由于管理主体不一，经济适用住房建设的面积控制、准入条件等均有所放宽。这一时期的经济适用住房既有解困房又有房改房的特性，部分单套建筑面积达到100平方米以上。

2004年12月2日，《南宁市经济适用住房管理暂行办法》(南府发〔2004〕109号)明确提出，经济适用住房是用来解决城市中低收入家庭住房困难问题，具有保障性质的政策性商品住房，单套建筑面积控制在60～100平方米。这一时期的经济适用住房兼具商品住房的性质，单套最大建筑面积将近100平方米。此后，南宁市的经济适用住房逐步开始规范化发展。

2009年，南宁市出台了《南宁市经济适用住房管理办法》(南府发〔2009〕70号)，明确经济适用住房供应对象由原来的中低收入家庭转为城市低收入住房困难家庭，指出经济适用住房是具有保障性质的政策性住房，单套建筑面积应控制在60~80平方米。

2015年，南宁市发布了南宁市人民政府第43号令，对2009年出台的《南宁市经济适用住房管理办法》(南府发〔2009〕70号)进行了修改，指出经济适用住房是保障城市低收入住房困难家庭的基本住房需求，面向低收入住房困难家庭供应的保障性住房，单套建筑面积控制在60平方米左右，高层、超高层经济适用住房建筑面积可以适当增加，但套内使用面积不得超过60平方米。

至此，南宁市的经济适用住房的建设户型达到了精细化发展阶段，经济适用住房的性质从房改房、政策性的商品住房最终回到保障性住房，单套建筑面积严格控制在60平方米以内，供应对象从中低收入家庭转变为低收入家庭，更加突出了经济适用住房的保障性功能。

公共租赁住房建设户型的发展，同样也是经历了由大到小的转变过程。以集中新建的项目为例，公共租赁住房集中新建的项目从“十一五”

时期开始，基本上都是政府自建项目，如金桥苑、友谊苑、梧桐苑、蒲新苑等。金桥苑有公共租赁住房604套，建有三房一厅、二房一厅以及一房一厅三种户型。其中，三房一厅43套，户型套均建筑面积达到76平方米；二房一厅317套，户型套均建筑面积有60平方米；一房一厅244套，户型套均建筑面积也有41平方米。可以看到，三房一厅、二房一厅的户型共360套，占比59.6%，中大户型数量已超过整个项目户型总数的一半。友谊苑有公共租赁住房1056套，建有二房一厅和一房一厅两种户型。其中，二房一厅共720套，户型套均建筑面积51平方米，占比68.18%；一房一厅共336套，户型套均建筑面积40平方米，占比31.82%。很明显，中等户型也占据了整个项目户型总数的大多数。

到了“十二五”时期，公共租赁住房集中建设项目如仙葫苑，共建设公共租赁住房10319套，有二房一厅、一房一厅和单间配套三种户型，其中二房一厅共809套，户型套均建筑面积52平方米，占比7.84%；一房一厅共2855套，户型套均建筑面积40平方米，占比27.67%；单间配套共6655套，户型套均建筑面积30平方米，占比64.49%。不难看出，小户型在整个项目户型总数占比已经超过了一半，与前面两个项目对比，中大户型与小户型占比调换了位置，变成了以微小户型为主。

南宁市保障性住房户型面积以小户型为主，充分考虑土地利用率、项目出房量、资金使用效率等方面因素，聚焦保障性住房的基本保障功能，经历由中大户型向微小户型的转变，说明保障性住房逐步回归其保障性的根本属性，凸显了政府兜底保障的社会职责。

三、建设方式从单一到多样

南宁市根据不同类型的保障性住房及其土地供应、资金来源、供应对象等因素各不相同的特点，积极探索与本地经济社会发展相适应的建设方式，不同类型的保障性住房采取不同的建设方式。建设方式在初始发展阶段较单一，在高速发展阶段则形成了多样化的特点。

经济适用住房由开始的与商品住房混搭建设，到混搭建设、单位集资建设、集中建设等多种建设方式共同发展。混搭建设是在经济适用住房项目中，允许开发建设单位按一定比例搭配建设商品住房，并按市场价格对外销售，获得项目建设利润的方式。1995年南宁市出台的《南宁市经济适用住房建设管理办法》(南府发〔1995〕79号)中，鼓励开发建设单位在经济适用住房项目中按三七开的比例建设商品住房和经济适用住房，其中30%的商品住房按市场价对外销售，其余70%的经济适用住房由政府根据房屋建设成本制定销售指导价，向符合资格条件的申请户销售。混搭建设是住房制度改革后，政府将住房建设推向市场化的一种尝试。在经济适用住房发展初期，混搭建设模式能降低开发建设单位的拿地风险，通过售卖搭配建设的商品住房，确保获得一定的建设利润，较好地吸引了社会资金参与经济适用住房的建设，推动了住房制度的改革与发展。

作为经济适用住房的组成部分，这一时期也慢慢出现了另一种经济适用住房的建设方式即单位集资建房。单位集资建房是利用单位自有的划拨土地，由本单位参加集资的职工部分或全额出资建设的住房。单位集资建房主要是由本单位组织实施，主要供应对象是本单位的职工，建设条件及供应对象存在一定的局限性。然而，在特定的历史时期，单位集资建房作为经济适用住房的组成部分，在解决城市单位职工住房困难问题方面，也做出了积极贡献。

2004年，新的经济适用住房管理办法出台，经济适用住房项目开始了集中建设。集中建设是整个项目为单纯的经济适用住房，政府与开发建设单位签订项目建设合同时，充分考虑项目建设成本及利润的前提下，限定经济适用住房的最高销售单价，开发建设单位须自行承担市场风险。为了吸引社会投资，允许开发建设单位配套建设一定比例的非住宅，产权归开发建设单位所有，由其对外出租或售卖。相对于混搭建设模式，集中建设模式在同等建设用地的前提下，能多建设经济适用住房，小区住房类型单一，比较利于后期集中管理。南宁市经济适用住房建设由单一的建设方式到多种建设方式并存，激发了市场活力，经济适用住房的建设达到了新的高潮。

公共租赁住房、廉租住房的建设，前期以政府投资自建为主，到后期逐步发展为国有平台公司代建、社会投资、配建等多种建设方式并存。从2003年开始，政府开始采取向市场直接购买的方式筹集廉租住房，2003—2007年，共购买了龙翔苑、澳华花园、桃花源及中房·碧翠园4个项目。通过购买已建成的住房用于廉租住房，房源筹集、投入使用时间快，过程相对比较便捷，不需要政府花费大量人力、物力投入项目建设。不足的是，由政府出资参照市场价格购买，价格比较高，房源筹集数量比较少。

2007年，南宁市在购买的同时，开始筹划通过自建的方式，集中建设公共租赁住房和廉租住房。“十一五”时期，政府开始以自建为主、直接推动公共租赁住房、廉租住房的发展。政府利用内部机构人员成立专门的部门自行组织建设，快速打开了公共租赁住房、廉租住房项目建设的新局面。市区自建项目包括梧桐苑、友谊苑、环卫公寓、仙葫苑等10个项目。政府自建能充分发挥内部机构沟通协调更为便利、集中力量办大事的优势，体现了政府兜底保障的功能与职责。政府作为项目建设业主，在项目建设推进过程中，不断探索、完善项目建设流程，创新、优化审批程序和事项，提高工作效率，为后续公共租赁住房、廉租住房的快速发展奠定基础。不足的是，政府自建项目基本上都属于集中新建项目，需要投入大量的财政资金；许多政府机构内部人员没有项目建设管理经验，缺乏项目建设方面的专业知识，对建筑工程相关规范要求不太了解，不能很好地把控项目建设管理的要点、难点，不利于项目建设又快又好地顺利推进。

进入“十二五”时期，随着公共租赁住房、廉租住房建设项目的增多，政府在自建的同时，开始引入平台公司代建、社会投资、配建等多种建设方式，充分发挥企业的专项优势，多渠道、多主体建设房源，全方位加快推进项目建设。平台公司代建是由政府提供土地和资金，以项目工程总投资作为计算基数，限定项目代建管理费率，通过支付代建管理费的形式委托房地产开发建设公司（主要是国有企业）建设公共租赁住房、廉租住房，项目建好后再移交政府，俗称“交钥匙工程”。南宁市本级代建项目有边阳苑、北湖苑、昆仑苑等11个项目。政府通过委托企业代建的方式，极大缓解了政府人力物力不足的困境，减少了政府的工作量，也能充分发挥企业的专项优势，利用企业自身的技术力量和管理经验，对建设工程项目的安全、质量、进度进行较好的把控。不足的是，代建项目也是政府投资集中新建项目，需要投入大量的财政资金。社会投资、配建属于利用社会资金投资建设项目。社会投资是指由企业自筹资金，利用自有建设用地开发建设，产权归企业所有，住户分配入住资格，由政府监督审核。社会投资建设的项目有云星·绿城华府、云星·钱隆御景、邕滨苑等8个项目。配建是指房地产开发建设单位竞拍国有建设用地时，与政府签订的土地出让合同中约定，在开发建设的商品住房项目中，按一定比例配套建设公共租赁住房并无偿移交政府。配建的项目有时代茗城、森林假日、保利·爱琴海等17个项目。社会投资与配建项目均不需要政府提供建设资金，也不需要政府另外划拨土地建设，两种建设模式共引入社会资金36.84亿元，缓解了财政压力，增加了公共租赁住房、廉租住房土地供应渠道。不足的是，社会投资项目产权属于企业所有，存在企业变相销售的风险，后期监管压力大，不利于后期集中管理。

尽管各种建设方式存在各自的优缺点，但其作为特定时期、特定环境下采取的方式，也切实推进了公共租赁住房、廉租住房的建设与发展。到了“十二五”时期，南宁市的公共租赁住房、廉租住房的建设已经由单一的政府集中建设，向政府与平台公司、社会投资、配建等多种方式共同发展，不仅促进了公共租赁住房、廉租住房的建设，加快了南宁市住房保障体系的构建，而且有效地利用了社会资金、自有土地参与公共租赁住房、廉租住房建设，带动了企业的发展，盘活了社会资本。

到了“十三五”时期，南宁市保障性住房的建设方式，已经完成了从单一建设方式向多种建设方式共同发展的转变。“十四五”时期，南宁市形成了新建、改建、盘活等多种方式共同筹集建设保障性租赁住房的局面，保障性住房建设多元化发展进入了新常态。

第二节　融资模式

南宁市不断探索保障性住房的融资方式，助力保障性住房建设及管理的科学有序发展。南宁市在保持保障性住房发展的前提下，强化政府与企业合作，在政府给予土地供应、财税、建设奖补、金融等政策优惠引导下多元化投资建设，充分发挥市场机制的作用，不断探索完善配套政策，拓展融资主体类型，引导鼓励企业及金融机构投入到保障性住房建设中去，促进社会效益和经济效益的共同发展。

一、投资渠道从单一化到多元化

南宁市分类施策，有序引导社会资金参与住房保障建设，投资渠道由政府唯一投资转向政府引导下的政府及社会多主体多方参与。一是资金的投入由单一化转为多元化，从最初的以地方财政资金投入为主、社会资金参与为辅，转变为以社会资金投入为主、财政资金投入为辅，财政资金主要通过奖补方式对项目主体及配建项目进行补贴，政府引导市场主体参与投资，鼓励社会资本投入开发。二是土地资源的投入由集中转为分散，土地资源供应从政府集中划拨用地发展为建设主体自有用地建设、出让土地按比例配建，鼓励支持利用城区、靠近产业园区或交通便利的集体经营性建设用地新建，鼓励对闲置和低效利用的非居住存量房屋改建保障性租赁住房的模式。保障性住房的投资渠道在资金、土地、其他实物投入上向多类型、多渠道发展，调动企业和社会力量多渠道共建住房保障体系。

公共租赁住房方面，南宁市充分发挥公共租赁住房对城镇户籍中收入、住房“双困”家庭的托底保障作用，以财政性资金投入为主，引导社会资金积极参与。2007年至2022年6月，南宁市人民政府在公共租赁住房项目上累计投入85.67亿元。公共租赁住房建设通过市属公司自筹资金建设、土地出让配套建设等方式，积极引进社会资金参与。公共租赁住房建设项目可以按项目内住宅总建筑面积10%~15%的比例配套建设商业服务用房，配套建设的商业服务用房，由社会投资建设的，归投资者所有。公共租赁住房建设投资者在不改变公共租赁住房项目的规划设计性质和用途的前提下，可依法转让其投资者权益，或者将公共租赁住房项目用于抵押融资，极大地提升了企业的融资能力。截至2022年6月，南宁市共建成38个公共租赁住房小区，总投资106.96亿元，其中政府投资项目25个，投资额88.3亿元，占总投资额的82.55%；企业投资项目9个，投资额8.61亿元，占总投资额的8.05%；完全社会资本投资项目4个，投资额10.05亿元，占总投资额的9.40%。经济适用住房方面，南宁市以市场投入为主，以企业自建为主，由企业自筹资金投资。经济适用住房建设用地纳入年度土地供应计划，实行划拨方式供应；项目按规定免收城市基础设施配套费、人防易地建设费等行政事业性收费和政府性基金；经济适用住房建设、销售按照国家规定享受税收优惠政策。通过政策引导，激活投资建设企业根据自身实际情况选择多样化融资方式。考虑到经济适用住房建设年代较早，以物价部门批复的最高销售价格、销售均价、建筑面积、合理利润等因素综合考虑，测算出已完工的经济适用住房住宅建设总投资约为75.25亿元。截至2022年6月，在建的2个经济适用住房项目总投资约为13.58亿元，资金来源为企业自有资金及融资资金。以威宁·世纪花城为例，项目于2018年底开工建设，计划总投资11.7亿元，预计2023年12月竣工交付，资金来源为企业自有资金及银行融资资金，该项目一期获得银行贷款支持2.6亿元，二期获得银行贷款授信6.5亿元，目前建设正在有序推进。

限价普通商品住房方面，采用政府组织监管，以企业自筹资金投资建设为主，建设用地通过政府招标、拍卖、挂牌方式公开出让。限价商品住房土地供应前，政府明确项目的建设标准、建设期限、配套设施内容及要求、产权界定及移交等内容，提出最高销售价格、住房套型面积和销售对象等限制要求，由开发建设单位通过公开竞地价的方式取得土地使用权。2008—2016年，南宁市共开发建设8个限价商品住房项目，建成7563套住房。根据销售均价、总建筑面积以及同期相近楼盘建设总投资等数据进行测算，限价商品住房总投资约为37.76亿元。

保障性租赁住房方面，政府通过财政补贴、投资补助等方式，引导市场主体参与投资，以企业自筹资金投资建设为主，采用新建、改建、盘活等方式多渠道扩大供给，鼓励引导多主体投资建设，坚持“谁投资、谁所有”，鼓励支持闲置和低效利用的商业办公、旅馆、厂房等非居住存量房屋改建为保障性租赁住房，使闲置土地资源、房屋资源得到充分利用。2021—2022年，南宁市计划筹集37779套保障性租赁住房，预计总投资58.69亿元，其中2021年筹集建设13930套，总投资30.71亿元；2022年计划筹集建设23849套，总投资27.98亿元。

二、政策支持从局部到整体

在住房保障方面，南宁市人民政府切实履行住房保障职责，不断完善支持保障机制，强化用地保障，对列入土地供应计划的保障性住房用地优先安排应保尽保。充分发挥市场机制作用，鼓励社会力量通过投资建设、经营管理等多种方式参与住房保障工作。在保证本级财政资金优先投入的基础上，积极争取中央和自治区专项资金的支持，同时不断拓宽保障性住房项目的融资渠道，由政府作为单一建设主体转变为政府引导下的多市场主体共同参与，政府部门从直接投资者转变为指导者和监督者，逐步形成“政府＋市场”互补协调的保障机制。

（一）财政资金保障力度不减

一是加大本级资金筹措力度。南宁市从土地出让净收益、城市维护建设税、城镇公用事业附加、城市基础设施配套费等费用中按比例计提，在住房公积金增值收益中计提公共租赁住房建设资金，合理安排政府债券资金等，统筹用于公共租赁住房建设。2007年至2022年6月，南宁市本级财政共筹集资金57.98亿元用于建设公共租赁住房，其中廉租住房专项资金30.58亿元，地方政府债券资金12.97亿元，公积金增值收益6.12亿元，土地出让金5.13亿元，其他一般性转移支付资金3.18亿元。

二是积极争取上级补助资金。南宁市完善公共租赁住房资金申报手续，积极争取中央和自治区的财政补助资金。公共租赁住房方面，2007年至2022年6月，南宁市累计争取到上级公共租赁住房保障专项补助资金27.45亿元，其中中央补助资金22.86亿元，自治区补助资金4.59亿元。保障性租赁住房方面，南宁市积极组织项目业主申报保障性租赁住房项目中央预算内资金，奖补资金主要用于支持保障性租赁住房配套基础设施建设，截至2022年8月，共有39个项目申报2022年保障性租赁住房中央预算内资金5.42亿元，已有32个项目获得中央预算内资金约3.71亿元。

三是实物保障与货币补贴并举。充分发挥公共租赁住房对城镇户籍中收入、住房“双困”家庭的托底作用，南宁市公共租赁住房实行实物配租与货币补贴并举的方式，未取得实物配租的轮候家庭均可申请货币补贴。截至2022年6月，南宁市累计向6.2万户住房困难家庭发放货币补贴共计约3.9亿元。

（二）社会资金及银行金融信贷多渠道支持

南宁市在土地供应、税收优惠、后期运营支持方面完善多种支持政策，引导社会资金和民间投资参与住房保障建设和供应。“十二五”期间，南宁市本级累计供应123.2万平方米保障性住房用地，累计获得社会资金和银行贷款资金278.86亿元。南宁市建立与银行业金融机构的协调机制，加强与银行业金融机构对接，引导银行业金融机构加大信贷支持力度，在贷款期限和利率方面给予适当优惠。据了解，部分银行为各类保障性住房出台了专项信贷政策，涵盖保障性住房建设、运营、盘活存量等各个阶段，并出台相应的融资产品，在针对保障性住房支持方面，产品贷款年限最高可长达25年，资本金比例最低可至20%，平均综合成本不高于人民银行五年期 LPR 报价。

以保障性租赁住房为例，截至2022年6月，在政策支持方面，已有12个保障性租赁住房项目享受免收城市基础设施配套费政策，涉及金额926万元；已投入运营的非居住存量土地（房屋）建设的项目已落实了民用水电气等优惠政策；已投入运营的4个非居住存量土地（房屋）建设的项目已落实了税收优惠政策。在金融信贷支持方面，南宁市通过与金融机构签订战略合作协议、建立业务对接机制等方式，定期沟通项目筹集建设进展情况及宣传保障性租赁住房金融产品，为企业提供精准的金融服务和信贷优惠。截至2022年6月，已有12个保障性租赁住房项目获得金融贷款支持，涉及资金8.48亿元。

第三节　准入模式

准入把关是住房保障管理工作中一个非常关键的环节，它关系到住房保障的公平与正义，关系到住房保障目标能否实现。南宁市高度重视准入审核工作，在审核办法、审核流程、审核手段等方面，勇于改革，大胆创新，结合实际探索出精准、高效、便民的准入审查模式。这个模式具有受理方式从依申请到主动找、审核程序从宽松到严格、审核手段从人工到智能化的特点。

一、受理方式从依申请到主动找

南宁市保障房准入方式一直以来采取的都是依申请受理、审核，本市住房困难群众申请住房保障要去其居住地的街道办事处或乡镇人民政府办理相关手续，受理方式单一，一些老弱病残住房困难家庭申请住房保障很不方便，不能主动前往申请保障，从而形成没有纳入住房保障范围的盲点。随着住房保障工作的深入，南宁市住房保障管理部门进一步加强服务理念，坚持以保重点、兜底线、精准实施保障为准入工作的出发点，主动改变工作方式，变依申请保障为主动找保障，定期开展市本级困难群众和特殊群体住房情况摸底调查，摸清存量和增量，建立南宁市本级低收入家庭保障数据库，精准识别，精准保障，确保城市低保、低收入住房困难家庭都能应保尽保。目前，南宁市的保障性住房准入审核主要分为依申请审核和主动调查审核两种方式。

（一）依申请审核

南宁市对本市非低收入家庭采取的是依申请审核的方式，他们可就近在实际居住地或户籍所在地的街道办事处提交申请（也可线上提交申请），由街道办事处受理、初审后逐级报送上级部门复审、审核。另外，南宁市对本市重点产业和机关企事业单位困难职工也采用依申请审核的方式。这部分职工大多属于本市引进的年轻高学历人才，南宁市住房保障部门结合本市人才引进政策，开展集中申请、集中审核，主要由申请人所在单位和城区进行初审与复核后，再报送南宁市住房保障部门进行审批。

（二）主动调查审核

从2004年开始，南宁市住房保障部门为了确保有足够的资源保障“应保尽保”家庭，在制定住房保障规划时通常采取不定期抽样调查的方式对该类家庭住房情况进行摸底了解，尽可能把“应保”的低保低收住房困难家庭找出来、保起来。但由于调查方式、调查范围的局限性，没有建立起该类家庭的完整名单，特别是一些老弱病残家庭的认识能力和沟通能力较弱，他们获取的信息相对有限，对保障性住房政策不了解或者不知道申请渠道，造成他们未及时得到住房保障。为了从根本上解决这一问题，自2021年开始，南宁市每年都会定期开展全市住房低保、特困等住房困难的特殊家庭的调查摸底工作，及时全面掌握住房困难家庭的存量和增量情况，变“人找政策”为“政策找人”，由市级统一组织，各城区、开发区负责实施，根据辖区内低保低收住房困难家庭情况，第一时间把住房保障政策送上门，一条条讲解，手把手教会，指导他们进行申请填报。

以2021年开展的调查摸底工作为例。调查主要通过资料收集、数据筛查、调查建库和撰写报告4个步骤对市本级8018户低保、特困家庭进行摸底调查。此次调查，让南宁市住房保障部门及时了解到本年度市本级尚有1142户低保、特困的住房困难家庭有待获得保障，南宁市住房保障部门根据“应纳尽纳、应保尽保”的原则，牵头督导，将尽保工作责任落实到各城区，由社区具体工作人员主动联系，上门核实并宣传政策动员申请，对于行动不便的特殊人员，上门服务、帮助申请。经审核，1142户家庭中有674户不符合保障资格，符合保障资格的家庭中，有423户当年就得到了保障，具体调查数据见表3-3-1。

表3-3-1　2021年南宁市本级低保、特困类群众情况调查结果

序号	城区	分布情况		有待核查户数（户）	已核查符合保障资格户数（户）
		户数（户）	占比（%）		
1	兴宁区	712	8.88	98	45
2	江南区	1403	17.50	190	66
3	青秀区	1748	21.8	291	73
4	西乡塘区	2695	33.61	445	169
5	邕宁区	328	4.09	31	19
6	良庆区	963	12.01	47	25
7	高新区	34	0.43	3	1
8	经开区	135	1.68	37	25
总计		8018	100	1142	423

二、审核程序从宽松到严格

随着南宁市保障房政策的不断修订完善，各级审核程序越来越规范，政策中对保障申请对象、收件的规定也越来越严格。经济适用住房的申请对象从本市中低收入家庭修改为本市低收入家庭，并设定收入标准和房产核定标准。审核程序从南宁市住房保障部门单一部门受理审核逐步转变为由街道办事处受理初审、南宁市住房保障部门审核的两级审核，再到街道办事处受理初审、城区民政和住房保障部门复审、南宁市住房保障部门审

批的三级审核管理机制，工作职责更细化，审核严格管理是保障房发展的必然趋势。

（一）对申请对象的条件设定越来越严

南宁市对保障房重点保障对象设定严格申请条件。本市保障性住房的重点保障对象主要是本市城镇低收入住房困难家庭（以下简称低收家庭），低收家庭申请条件为申请人在本市无房产、无车辆且收入符合本市低收入家庭认定标准。为了保证这些申请保障资格的低收家庭实际情况的真实性，确保每一个申请家庭的收入和房产状态都符合保障性住房的申请条件，其收入认定主要由市民政部门通过自治区救助系统进行核查并出具证明，低收家庭的房产情况主要通过不动产登记部门的房产系统进行核查认定。以经济适用住房申请家庭为例，2009年之前，名下有房但住房面积未达标的家庭、有房的被拆迁家庭以及外来务工家庭，只要家庭人均年收入低于当年本市统计部门公布的上一年职工平均工资6倍，且高于当年本市统计部门公布的上一年职工平均工资一半的即符合申请条件，而现在要求主申请人必须落户南宁市户籍满3年，且属于本市低收入无房家庭才能申请经济适用住房。

（二）对申请材料的审核越来越严

过去信息化手段落后，南宁市住房保障部门审核保障性住房资格只能依照申请家庭提供的收入申报说明、住房等材料做形式审查。由于缺少必要的核实手段和核实机制，一些保障性住房被不符合保障资格的家庭占用，这要靠后续的动态检查或群众举报才能发现、查处，因此保障性住房审核上存在漏洞。

为做严做实审核工作，切实把好准入审核关口，从2013年开始，南宁市以通过与车辆管理部门共享车辆信息为突破口，逐步建立起与公安户籍、人社、民政婚姻等部门信息全核对工作机制，彻底改变了过去只能实质审核房产信息，其余仍依照申请家庭提供的材料进行形式审核的被动局面。实施全类别信息实质审核后，南宁市住房保障部门对保障房的轮候家庭和在保家庭实行动态管理，即定期组织全面排查和不定期进行抽查。

从2019年起，南宁市住房保障部门每季度定期和不定期对轮候家庭和受保障家庭的房产、车辆、婚姻以及申请人是否已去世等与资格认定有直接关系的信息，通过数据共享端口进行核查，共查出4058户不符合资格的家庭（这些家庭在获得保障资格时是符合条件的，但在轮候期间因各种因素变化导致其不符合资格）。

其中，2019年核查出不符合保障资格的家庭211户；2020年是790户，同比增长274%；2021年是1458户，同比增长85%；2022年1—6月是1599户，同比增长119%。对这些不符合保障资格的家庭，南宁市住房保障部门已依规定取消了其保障资格，保证了住房保障工作的有效开展。

（三）申请审核程序越来越严

2004年之前申请保障性住房资格，申请家庭是向所在单位或者街道办事处申请，由南宁市住房保障部门进行审批，审核程序上采用的是“两级审核”。由于没有规定审核时限，从申请到审核完成要经过很长的时间，申请群众从提交申请到审核完成获得资格至少需要2个月的时间。

2009—2015年，政府为了提升审核效率，实现审核的公开、公平、公正，在政策的审核程序上做了相应的调整：在街道办和南宁市住房保障部门两级审核中间都添加了公示环节，实行“两审两公示”，街道办事处或乡镇政府作为唯一的受理初审机构，南宁市住房保障部门负责复审、审批并公示。

2015年之后，又在原“两审两公示”的基础上，将城区复审环节增加到审核程序中来，此后，保障房的审核程序都是严格实行“三审两公示”。申请家庭就近到户籍所在地或居住地的街道办事处或乡镇人民政府提交保障申请后，街道办事处或乡镇人民政府对申请家庭提交的材料进行初审，核对材料是否齐全有效，出具初审意见并公示，后转城区住房保障部门和民政部门对申请家庭的收入、财产等情况进行核查和复审并出具复审意见，后提交南宁市住房保障部门甄别其是否符合所申请类型的房产等条件并出具审批意见，另外，还需要登报或在南宁市住房保障部门的政务网进行5天的公示，无异议的，才能核准其获得保障资格，整个审核程序更加严格且公正、规范。

三、审核手段从人工到智能化

南宁市保障性住房智能化审核是提升审核效率最重要的手段之一。为逐步减少人工审核，提升审核精准度，南宁市住房保障部门自2012年开始就一直积极推进档案数字化、审核智能化及与各部门间数据信息共享联动的工作。目前已实现与南宁市民政、公安、人社及不动产登记等部门的数据接口实时共享，保障房线上申请也于2020年4月启动受理，系统智能化审核和超期预警功能也已建立并逐步完善，为保障房审核全流程智能化打下坚实基础。

（一）电子化档案

没有实现线上无纸化申请之前，申请保障性住房需要提交纸质材料，因为是三级审核，这些纸质材料要在各个部门间流转，材料要一级一级报送，街道办事处和城区事务性工作多人手少，常常会集中多份材料后再报送上一级审核部门，材料流转一圈有时需要50天。现在，保障房业务已基本实现网上申请，全程用电子档案代替纸质档案，审核人员只需点击提交，档案就可以流转到下一级，极大提高了审核效率，现在申请保障房资格只需要20天（含公示）就可办结。

（二）智能化审核

2020年之前，南宁市保障房业务审核全靠人工。因审核需核查的数据多，需要人工核对房产、车辆、社保和婚姻等信息，并且计算保障面积和甄别保障人口，审核人员经常加班加点，但审核效率却始终无法得到质的提升。现在南宁市住房保障部门依托共享数据改进住房保障业务系统，打破信息壁垒，实现房产、婚姻、户籍、居住证、车辆、社保等数据的自动查询，审核手段由以前的全人工审核优化为人工审核与系统智能化辅助审核，审核更准确，系统智能审核量占每天总审核量的40%左右，每天“人工+系统智能”的审核方式，只需3名审核人员1周能完成1000份材料的审核，审核更高效，审核时间也从15天减少到10天。

（三）超期可预警

南宁市通过研发保障性住房资格审核超期预警功能模块，实现资格审核时限管理信息化，在保障性住房管理系统的各个办理环节同步设置了审核时限预警功能，并在审核页面通过设置不同颜色标记的方式提醒审核人员务必在规定时间内完成审核。审核超期预警功能在系统中分为“已超期”“即将超期”“未超期”3种表现形式，当日常审核工作中发生审核超期时，模块颜色会马上变成红色，文字提示为“已超期”，管理人员会马上向发生超期审核的部门了解超期审核原因并督促其尽快整改；如短期内多次在同一个审核（部门）环节出现超期现象，南宁市住房保障部门会立即约谈该审核部门经办人和负责人，对其进行批评教育并要求马上改正；如还不改正的，南宁市住房保障部门会立即下发整改通知书限期整改并通报给其上级主管部门。审核超期预警功能模块上线后，审核完成率提升了14个百分点。审核超期预警功能可对保障性住房审核全过程实施监控，有效地避免审核超期现象的发生。

（四）线上可申请

南宁市一直持续推进住房保障工作无纸化、信息化、智能化建设，申请公共租赁住房保障资格（含重新申请）基本都已实现线上申请，申请人只要通过手机在“邕有家”微信公众号或App实名注册认证并将申请材料扫描上传后，足不出户便可申请办理业务。线上申请材料实现了全程无纸化、即申即办，节约了办事群众的时间成本，从根本上解决了群众“多地跑、多头跑、多次跑”的问题，切实做到为群众解难题、办实事。

（五）申请收件少

南宁市住房保障部门与公安、人社和不动产等部门建立了信息联动机制，已全面实现房产、户籍、车辆和婚姻等审核信息的数据共享。在此基础上，住房保障部门不断精简申请收件，申请材料从原来最多需要提供8项逐步减少到现在只需要提供身份证件和毕业证2项，收件精简率达到80%，见表3–3–2。

表3–3–2　南宁市保障性住房（公共租赁住房）资格审核业务收件材料对比

年份	2012—2017年	2018—2019年	2020年至今
收件材料	1. 身份证明 2. 家庭成员关系证明 3. 婚姻证明 4. 居住证明 5. 劳动合同 6. 社会保险证明 7. 学历证明 8. 其他证明	1. 身份证 2. 婚姻材料 3. 户口本（非本市户籍的） 4. 毕业证（新就业大中专毕业生）	1. 身份证 2. 毕业证（新就业大中专毕业生）

第四节　分配模式

经过不断探索，南宁市通过建章立制为公平分配提供了制度保障，通过信息化手段不断提升分配效率，实现实物分配从不定期分配到“月月有房分”，再到即空即配的飞跃，已经形成了一套公平、高效、便捷的分配模式。由于限价普通商品住房于2016年停止分配，保障性租赁住房主要由建设单位组织分配，以下着重以已投入使用的保障住房数量最多、保障人数最多的经济适用住房和公共租赁住房为例，介绍南宁市的保障住房分配模式的特点。

一、分配公平从宽泛到细化

随着城市房地产价格上涨过快，“住”对于广大低收入群体来说越来越困难。住房问题是关系到国计民生的重要问题，解决中低收入家庭的住房问题是人民政府应负的责任，也是全社会关注的焦点问题之一。如何公平合理地将保障性住房分配到位，是住房保障管理工作的重点难点，也是住房保障工作的意义与价值所在。分配公平主要体现在选房排序规则及保障户型上能否照顾到大多数保障家庭的合理关切和需求。南宁市保障房分配工作始终关注公平性与合理性，并随着住房保障的发展而不断完善，从经济适用住房分配政策相对宽泛，到公共租赁住房政策的细化，充分体现出南宁市在保障房分配方面对公平性的重视。

（一）经济适用住房分配公平相对宽泛

经济适用住房作为南宁市第一种保障住房类型，不论在优先保障情形的设置上，在房源户型的匹配上，还是在货币补贴的分配中，规则都相对简单。

（1）困难群体优先分配范围窄。南宁市的经济适用住房管理办法虽然经过多次修订，但也只是简单地将少数困难群体列入优先分配范围。在1995年的分配管理中只有离退休职工、教师中的住房困难户可以优先购买经济适用住房。1996年有了一些突破，不再局限于个别群体，将优先购房的群体扩大到了军人优抚户、国家承认资格的科技人员和中小学教师、大龄青年结婚无房户、人均居住面积4平方米以下的住房困难户及落实私房政策需腾迁的住房等。2015年以后确定的优先保障情形也仅限于部分困难群体（如重大疾病、三级以上残疾人、重点优抚对象、计划生育特别扶助对象等）以及部分获得荣誉表彰的群体（如参战军人或获得市级以上见义勇为、劳动模范等奖励的家庭），还有很大一部分低保群体（如孤寡老人、分散供养特困家庭等）未能列入其中。

（2）户型分配不区分保障家庭人口数量差别。南宁市仅限定单人户家庭可申请购买经济适用住房的面积，而对于两人以上的家庭户则不区分家庭人口数量，都可以选购相同户型的房源。经济适用住房分配的早期，在户型的选择上是没有约束的，只要取得经济适用住房准购资格就可以购买任何户型的经济适用住房。直到2015年，才开始规定“单人户只能购买建筑面积60平方米以下的经济适用住房”，而对两人以上的家庭不再细分，即可选60平方米以下的经济适用住房，也可选60平方米以上的。按现在的户型设计，60平方米对单人户家庭来说是绰绰有余，而对一个四口之家来说，哪怕选到80平方米的户型，人均面积也只有20平方米，相比较单人户来说，住房面积依然紧张。可见经济适用住房的分配还是相对粗放，不尽合理。

（3）货币补贴分配不区分申请家庭的实际需求。南宁市经济适用住房货币补贴的分配规则相对单一，只要取得经济适用住房保障资格的申请家庭，就可以选择领取经济适用住房货币补贴用于购买商品住房；而且不区分所购买商品住房面积大小和价格，经济适用住房货币补贴标准只有一种，就是每户按保障面积60平方米计算，最高可领取6万元的货币补贴。在实际操作过程中，由于规则单一，此业务运行不到一年就停止受理了。

（二）公共租赁住房分配公平不断细化

相较经济适用住房分配管理的宽泛而言，公共租赁住房政策在保障分配公平性上有了较大的进步，各方面的规定也越来越细化，更充分体现了分配上的公平性。

1.分配内容的细化

公共租赁住房的分配在优先保障不同住房困难家庭及配租户型上都进行了细化。

（1）对不同住房困难家庭的优先保障顺序进行细分。一是对优先保障的特殊家庭的条件进行细化，将更多的特殊困难群体列入优先保障范围。特殊困难群体包括以下10种类别：孤寡老人、城市低保家庭、分散供养的特困人员、家庭成员中有重大疾病、重度残疾（一、二级）、重点优抚对象、企业内失业的军队转业干部、曾参加对外作战的军人、被拆迁直管公房承租人、计划生育特别扶助家庭。

二是明确不同困难程度的保障家庭入围参加选房的排序规则，建立起多层次优先保障体系。首先是上述特殊困难家庭作为第一序列给予优先配租；其次是本市城市低收入家庭作为第二序列，优先于同年度取得保障资格的其他家庭；最后才是其他家庭（本市农村家庭、新就业大中专毕业生、外来务工人员等）。同时，上述同等序列里又以取得保障资格的先后进行排序，保障资格取得时间相同的，按资格编号顺序确定，基本解决了特殊困难家庭、低收入家庭及其他家庭之间按照不同的困难程度享受不同层次优先保障的问题。

三是专门设置优先参与配租家庭占比。南宁市在优先保障特殊困难家庭的同时，也结合南宁市保障房源有限的情况，专门设置优先配租家庭数占项目可选房源数比例不超过50%。此做法很好地平衡了优先家庭与非优先家庭之间的关系，一方面让非优先家庭也有机会通过正常排队轮候选到公共租赁住房；另一方面对超出选房数量50%范围的优先配租家庭，他们同样可以按正常的取得资格时间顺序参与排队，也有机会入围选房。

（2）按保障家庭人口数量细分配租户型。南宁市公共租赁住房分配已实现根据申请家庭保障人口的数量细化可配租不同面积的户型。多层次优先保障解决了不同困难程度家庭获得配租房屋先后的问题，但公共租赁住房的户型有大有小，不能让享受优先保障的家庭把大户型房源都选走，其他群体不管人口多少只能选户型小的保障住房，这明显有失公平。因此，配租户型也是公共租赁住房分配的一项重要内容。南宁市根据申请家庭保障人口的多少来确定可以选择配租的户型。保障人口只有一人的，只能配租单间配套；保障人口两人的，或者保障人口三人但其中有未满16周岁成员的，可以配租一房一厅；保障人口三人且均年满16周岁，或保障人口四人及以上的，可以配租二房一厅。南宁市以发展小户型公共租赁住房为主，配租户型的细化，也最大程度地满足保障家庭的日常居住需要，同时也兼顾到人均保障面积基本达到标准。以一房一厅为例，其建筑面积基本上在40平方米左右，一个三口之家，按保障面积13平方米/人计算，应配租39平方米房屋，正好满足。

（3）按保障类型细分货币补贴范围。南宁市通过不断完善货币补贴政策，货币补贴保障的类型更宽。南宁市在2016年1月—2022年6月期间先后两次对公共租赁住房的货币补贴政策进行修改完善，将保障群体按不同类型分成四个档次来发放货币补贴，不仅保留了对低收入、最低生活保障家庭的货币补贴，还新增了对非低收入、外来务工家庭的货币补贴保障，特别是对大专以上学历家庭给予补贴，体现出覆盖面的公平性。

2. 分配程序的细化

南宁市公共租赁住房的分配注重分配全过程的信息公开，接受社会监督。

（1）房源和入围选房家庭信息公开。一是房源信息。房源信息会在每次开盘分配前，在南宁市住房保障部门的政务网站上公布并接受已取得保障资格的家庭报名。房源信息包括小区位置、户型及面积、套数、租金标准等。二是入围选房家庭信息。报名结束后，将报名成功及入围选房的保障家庭名单进行公示，公示内容包括保障家庭的类型、保障资格证编号、审批时间及入围排序。三是房源和保障家庭匹配的信息。每次分配选房结束后，南宁市住房保障部门均会在政务网站公布此批次的选房结果，包括选房家庭顺序、保障资格证编号、所选公共租赁住房位置等。

通过信息公开使分配各环节形成闭环管理。从报名环节推出的房源，就可确定有多少个家庭可以入围参加选房，选房资格名单公示的入围选房家庭总数应当等于或少于（少数房源户型报不满）房源数量，名单公布的取得资格时间和资格证编号按顺序排列，在选房环节也按公布的选房资格名单顺序一户接一户进行抽取房号，最后的分配结果公布也对应选房顺序并附上选房结果。所有的名单、数据在分配过程中都保持一致，从程序上维护了分配选房的公平性。

（2）选房过程透明化。在早期线下抽号时期，将所有待分配房号制成卡片，在入围选房家庭的见证下投入抽号箱，由入围选房家庭按顺序抽取房号，并同时公布抽取结果。到了线上选房时期，选房过程的透明化程度更高，入围选房家庭通过手机端登录进入线上选房大厅后，可以直观地看到选房的全过程，线上选房大厅里直接显示选房顺序，当前哪个家庭在选一目了然。选房时，所有待分配房号在选房页面随机滚动，由入围选房家庭自己在手机上操作选房，一旦选房成功，所选房号会立即在选房页面上显示，同时系统会自动记录选房信息并自动发送确认短信给选房家庭。

3. 细化的效果明显

公共租赁住房的分配管理在不断地探索中细化、完善，在实践实用中不仅没有因为细化带来分配工作的烦琐，而且也较好地平衡了各类住房困难群体之间的公平性，得到广大保障家庭的认可，细化的效果明显。

（1）增加优先保障类别，但对无优先分配资格的家庭总体影响不大。经统计，2021年7月—2022年6月共组织6个批次的公共租赁住房分配，推出房源15074套，申请通过优先分配资格的家庭922户，以优先分配资格入围选房的家庭672户，见表3-4-1。申请优先分配资格的家庭仅占6.11%，由此可见，南宁市公共租赁住房分配细化后分层次优先保障了不同困难家庭的同时，对无优先分配资格的家庭总体影响不大，分配公平性更趋明显。

表3-4-1　2021年7月—2022年6月南宁市公共租赁住房优先分配资格户数统计表

分配批次	推出房源（套）	优先分配资格审核通过户数（户）	以优先资格入围选房户数（户）
2021年第三批	4339	173	134
2021年第四批	600	30	28
2021年第五批	2286	181	137
2021年第六批	3912	203	154
2022年第一批	1250	133	90
2022年第二批	2687	202	129
合计	15074	922	672

（2）细化优先保障家庭占比，充分保障无优先分配资格家庭的公平性。在开展公共租赁住房分配过程中，部分公共租赁住房小区因靠近旧城区或

周边配套相对更优质，吸引了大多数轮候家庭的报名，如果没有优先家庭不能超过房源数量50%的限制，很有可能这些公共租赁住房小区的房源或者面积大些的户型一推出就会被优先保障家庭占据，无优先分配资格的家庭就不可能选到这些公共租赁住房，而设置50%的优先比例就可以较好地解决这个问题。以距离旧城区中心位置相对较近的两个公共租赁住房项目（边阳苑和北湖苑）为例，2021年6月—2022年6月，共组织5个批次的房源分配，每批次报名这两个项目的家庭中符合优先分配条件的家庭数量都远远超过该小区的可分配房源数量，边阳苑小区共有122户以优先分配资格报名，通过按每批次可选房源数量50%的比例进行控制后，仅有30户能以优先分配资格入围选房，入围率仅为25%；而北湖苑小区共有86户以优先分配资格报名，仅有62户能以优先分配资格入围选房，入围率72%。设置50%的优先比例调节作用明显。

（3）细化排序规则，确保同类型保障家庭的公平性。南宁市是按取得保障资格的审核时间对同类型保障家庭进行排序，此做法很好地解决了同类型保障家庭之间排序的公平性问题。对于优先分配的家庭，由于优先分配的情形较多，各种情形之间难以用统一的标准来判断谁更困难，因此不宜用困难程度来确定优先分配家庭之间的排序。对于非优先分配家庭之间，若以报名先后顺序来确定排序，很有可能引起大量的轮候家庭在报名时间刚开始便扎堆登录官方平台报名而造成网站堵塞，部分不会线上报名的家庭就可能涌到线下指导点，出现彻夜排队的现象，这都给管理带来较大的难度，也会给申请家庭带来不便。而以取得保障资格的审核时间来排序，相对合理、公平，也得到了广大保障家庭的认可。轮候家庭可以在报名时间段内从容了解房源并报名，报名成功后便可参加排序，化解上述管理难点。

二、分配效率从不定期到即空即配

南宁市保障房实物分配经历了人工管理不定期分配、“月月有房分”、即空即配的过程，保障房分配管理水平和管理手段也在不断提升（表3-4-2）。依托系统化管理，保障房的分配效率不论是从组织分配选房的频率还是组织每批次分配选房的耗时等方面都有质的提高。从原来组织一次分配选房至少要三个月时间，到每个月组织分配一批房源，再到房子一空即可分配，分配效率明显得到提升，节约了人力资源，减少房屋的空置时间，提高了房屋使用效率，极大程度地减少了轮候家庭的等待时间。

表3-4-2　南宁市各阶段分配模式分配效率对照表

分配模式	人工管理分配	月月有房分	即空即配
分配的频率	不定期	每个月	即时
每批次分配耗时	三个月以上	一个月	一天

（一）人工管理不定期分配效率低

2020年以前，保障房分配基本是采用不定期现场组织分配模式，即有新房源推出或退出房屋达到一定数量时才组织分配。由于房源管理没有实现信息系统化，都是由管理人员人工整理和统计可分配房源，分配效率低，从整理可分配房源到现场组织选房基本上需要三个月以上。期间，南宁市住房保障部门整理出可分配房源并在政务网站上公布之后，组织工作人员在规定时间到规定地点登记到现场报名的租户所报名的房源，并手写报名确认单（一式二份）交由双方保管，一日下来要书写数百份甚至上千份；报名结束后工作人员需将报名确认单输入电脑，按政策规定人工排序，为避免错误需要从工作人员到科长再到分管领导的数人复核，复核确定无错之后方能将入围名单公示；公示同时又组织工作人员制作房源卡和抽签箱，为保障公平于选房当天才送到选房地点，由保障家庭现场验视拆封。组织一个小区的分配选房工作，基本要花费一天至两天的时间，更不可能几个小区同时开选。选房结束，又由管理人员登记好选房房号，报送上级部门予以公布。一个流程下来，要花费至少三个月，不仅时间长、效率低，所有程序都交由人工办理，也容易出错。

（二）"月月有房分"模式极大提高了分配效率

南宁市在保障住房系统化管理上不断探索，在相关数据实现信息化系统化的基础上推行了公共租赁住房"月月有房分"的分配模式，即每个月都会组织一批房源分配，并且分配选房各环节的时间相对固定：第一周公布房源，第二周接受报名，第三周公示入围选房家庭，第四周组织选房。南宁市民可以有计划地在住房和城乡建设部门的政务网站或微信公众号上查阅到各批次推出的房源的选房时间。此做法大大提高公共租赁住房的房源周转，使分配效率实现质的飞跃。主要做法：

（1）房源状态实时监管是"月月有房分"的基础。要提高分配效率，掌握房源状态，控制房源周转期是关键。

一是通过制定《南宁市公共租赁住房房源管理规定》，明确公共租赁住房房源日常管理的具体规则，督促运营平台公司在规定时间内维修或腾空收回的住房，并更新房源状态，而且市住房保障管理部门每月将可分配房源向社会推出，有效控制房源在30天内实现周转。要求运营平台公司在房源动态管理中做到：对主动退房的保障家庭，运营平台公司在办结退房手续后一个工作日内就要将房源状态更新为"可分配"状态；通过简易收房程序收回住房的，运营平台公司要在系统备注说明，并在收回住房15天内完成房屋的维修（小修）和屋内物品清空工作，在符合分配条件后一个工作日内将房源状态更新为"可分配"状态。若需要大修，先书面报南宁市住房保障部门，并在45天内完成维修。因特殊原因不能在规定时间内将房屋重新列为“可分配”状态的，均需在系统里备注说明具体情况，以备南宁市住房保障部门随时了解情况并有针对性地进行监督。

二是依托管理系统打通数据壁垒，实现房源状态有效监管。南宁市住房保障部门通过完善公共租赁住房管理系统，与运营平台公司的管理系统实现数据共享，实时掌握每套公共租赁住房是否空置，有针对性地对房源终止合同后的周转进行监管，有效督促运营平台公司尽快处置周转期内不可分配的房源，将符合分配条件的房源向社会推出，缩短房源的周转期。南宁市将在2023年推出房源管理预警系统，可通过此系统直观看到全市各公共租赁住房小区的房源使用情况，哪些房屋在租并显示承租人的信息，哪些房屋处于周转期，是否可分配，不可分配的原因等可视性信息，同时按照周转期时间的长短，利用蓝、黄、橙、红等颜色进行区分，让管理部门对房源当前状态一目了然，以便有针对性地督促平台公司加强对异常房源的整改，有效提高房源使用效率。

（2）信息化管理是“月月有房分”的保障。

一是推出房源快、准。在房源状态清晰的基础上，南宁市住房保障部门可以直接从管理系统中提取当前可分配的房源明细，立即开展组织选房报名相关工作，而且将房源状态的管理工作放在日常工作中，不会耽误分配选房。每批次组织选房的时间从原来需要三个月以上缩短到现在一个月内就可完成，而且系统自动记录每套房的分配结果，实时共享给运营平台公司，更便于办理后续的签约手续，减少了人为操作可能出现的错误，提高准确性。

二是线上报名选房，减少现场接待量。通过线上报名选房，不再需要组织轮候家庭来到现场，大大减少了现场接待保障家庭的工作量，现场接待的侧重点可以有针对性地放在不会操作手机的老年人、文化水平不高的低收入群体上，线上选房系统一经开发，报名人数呈翻倍式增长，从之前的几百上千户，直接暴增至一万多户。目前每次公共租赁住房的报名人数都维持在12000~13000户。虽然报名户数增加，但是需要现场接待的人数变少了，因此在接待的过程中可以讲解得更详细，服务质量也有所提升。2018年南宁市刚启动凤岭北苑住房保障服务大厅的时候，组织过一次报名工作，每天现场都会聚集近千人，近千人将几名工作人员团团围住。而启动线上报名后，大部分家庭自己就可以跟着操作手册完成报名，每天现场的接待量仅有100多人次，服务大厅内可实现一对一服务，服务保障家庭的效果更好。

（三）创新即空即配分配模式

虽然“月月有房分”已经极大提高分配效率，缩短房屋周转期，但该模式仍受限于分配前期环节多，而且收回的房源再分配仍有空档期。而即空即配模式可以有效地解决这些问题，即空即配将从现行的人等房发展为房等人，让公共租赁住房分配管理再上新台阶。以往的分配模式都是轮候家庭等着南宁市住房保障部门将可分配房源向社会公开，才能去报名，这种人等房的方式每次都重复着公布房源、接受报名、审核入围家庭并公示、组织分配及分配后结果公示的各个环节，一个月组织一批次分配已经是极限，分配效率很难再有提高。改成即空即配模式后，最大的改变是轮候家庭只需预先报名一次意向小区，系统自动将符合条件的报名家庭进行排序（排序根据报名情况实时更新），当有房源可分配时即按报名家庭排序先后进行匹配或入围抽选，分配环节大大简化。这种房等人模式综合了原有模式线上报名、线上选房的优点，还可以实现空房即分，使房源的分配缩短到一天，不会再出现房源空置时间过长不分配的问题。具体做法如下：

（1）建立信息发布平台，进行信息发布、报名等工作。信息发布平台包括市住房和城乡建设管理局政务网站、官方微信公众号（“南宁住建”“邕有家”）；信息发布内容包括通告、轮候排序、公示等需告知公众的信息。

同时在信息发布平台上开展常态化报名相关工作，通过平台发布报名时间、报名方式、报名对象、配租顺序规则、房源推送形式及时间、匹配方式等信息。报名人可同时申报符合条件的各类户型，审核通过后的报名在资格有效期内有效。

（2）南宁市住房保障部门审核，形成选房排队顺序。对报名优先保障的家庭条件进行审核，审核通过后，按照公共租赁住房多层次优先保障的规则生成排队顺序，并在信息发布平台实时公布。

（3）可分配房源发布。运营平台公司日常管理中，将腾退的公共租赁住房列为可分配房源，将房源状态变更信息共享给南宁市住房保障部门管理系统，南宁市住房保障部门管理部门于次日8：00将可分配房源信息在信息发布平台上发布。

（4）人房匹配。房源发布当日，每个户型只有一套房源的，系统自动将房号与排队顺序为第一的申请人进行匹配；如每个户型房源为二套以上的，系统按房源套数与排队在前的户数1∶1的比例入围，系统于当日8：00~17：00开放给入围申请人抽选房号（抽选房号不按先后顺序），如申请人未在规定时间内抽选房号的，系统自动将剩余房号与未选房的申请人进行随机匹配。申请人同时入围多个户型，系统于当日8：00发送短信给申请人，申请人在当日17：00前登录系统进行确认户型。如申请人未在当日17：00前确认，则由系统按申请人所报名的最大户型给予随机匹配。

（5）分配结果公布。完成房源匹配或抽签后，系统于当日18：00将匹配或抽签结果推送至信息发布平台公告。

三、分配便捷从现场到线上

随着信息化的普及，将保障家庭参与分配选房的阵地从现场带到了线上，大大节约了保障家庭的时间成本，给保障家庭带来便捷的体验。通过线上选房，保障家庭可以随时随地完成报名及选房的所有操作，不再需要专程到现场报名等。线上选房24小时不打烊，实现了信息“多跑路”，群众“少跑腿”，从几年前的现场选房到如今的足不出户线上办理，体现了以人民为中心的价值导向，也是公共租赁住房分配选房的一大改革成果。

（一）现场选房模式费时费力

2020年以前，南宁市保障房选房基本上采用现场组织选房的模式。保障家庭从获取房源信息到报名，再到参加选房，整个选房过程要跑住房保障部门几个来回。首先，保障家庭只能被动地从报纸、网站上了解推出的房源情况及报名时间，部分保障家庭不看报、不上网的，只能隔段时间去一次住房保障部门的办公场所看公示栏是否有房源推出。其次，保障家庭在知道报名信息后，需要在报名时间段内前往住房保障部门现场报名，为了能早点报上名，有些保障家庭没到上班时间就早早来到现场排队，人多时排一两个小时才能报名成功。最后，入围选房的保障家庭，又要在分配选房的时间到现场参加抽号选房。一些工作繁忙、无法请假的住房困难家庭，经常会错过报名或选房。

（二）线上选房“多快好省”

2020年开始，南宁市住房保障部门进一步完善系统功能，实现了保障房线上报名、线上选房，让保障家庭切实感受到便捷、高效。主要做法有以下几个。

一是为保障家庭提供延伸服务“多”。实现线上选房后，住房保障管理部门打通与开发建设单位、运营平台公司及物业公司之间的数据壁垒，实现数据共享。经济适用住房的购房户，凭手机上的选房结果便可与开发建设单位签订购房合同。公共租赁住房的选房家庭，已实现在手机端完成签订租赁合同、入住后缴纳租金、房屋报修及建议或投诉等过程全覆盖，大大提高保障家庭的体验感和幸福感。

二是保障家庭获取房源信息"快"。保障家庭只需关注官方微信公众号，即可在第一时间获取住房保障部门发布房源信息、报名信息或选房信息等，然后便可根据自己的时间安排，从容地参加报名及后续的选房，由以往被动等待通知选房变为主动掌握信息。

三是保障家庭提前知道选房时间"好"。线上选房可以提前做好选房时间安排，并将选房时间精确到分钟。以往选房只能通知入围选房家庭在哪一天可以选房，但当天具体何时能选房，还要看当天的选房情况。现在将每个入围选房家庭的具体选房时间提前排好，并精确到分钟，入围选房家庭只需在此时间的前几分钟登录系统即可，入围选房家庭不再像以往那样一直处在焦急等待当中。而且，为了照顾因突发情况不能按时选房的入围选房家庭，专门设置了补选的机会，在选房当天24：00以前，错过正常选房时间的入围选房家庭，均可参加补选。

四是保障家庭选房全过程"省"跑。线上选房操作简单，保障家庭只需跟着操作手册指引，便可在手机上操作，随时随地完成选房报名、随机抽房等业务办理，不再需要专门请假跑到住房保障部门办理。报名过程中的文书也通过线上推送，如入围选房通知书、选房结果确认书等管理部门出具的文书，以往这些文书需要申请人到住房保障部门签领，现在直接在线上推送，手机上便可查阅、下载，整个报名、选房变得更加方便、快捷。对于小部分不会在手机上操作的特殊群体，住房保障部门仍然保留了线下指导的方式，由工作人员在现场指导报名和选房。

各类保障房的不同分配模式见表3–4–3。

表3-4-3　南宁市各类保障房的不同分配模式

分配方式	公共租赁住房	经济适用住房	限价普通商品住房
推出分配房源方式	按批次推出房源，每批次会将全市公共租赁住房项目的可分配房源推出，涉及多个小区多个户型	通常一次只会推出一个项目，偶尔会将几个项目的剩余少量房源一起推出	只推出一个项目房源
报名方式	常态化受理保障资格申请，取得资格后轮候。待每批次推出房源后针对项目和户型进行报名	常态化受理保障资格申请，取得资格后轮候。待推出房源后针对项目和户型进行报名	针对项目限时受理保障资格申请，申请的同时填报户型。取得保障资格后即视为报名成功
优先选房规则	1. 多层次优先保障。第一级优先：最低生活保障家庭、家庭成员有重大疾病或一、二级残疾、重点优抚对象、获市级荣誉等家庭优先于其他家庭选房；第二级优先：同年度取得资格的本市城镇低收入家庭排在非低收入家庭前面。2. 同时设置优先比例不能超过户型房源数量的50%	相对单一：家庭成员有重大疾病或三级以上残疾、重点优抚对象、退役军人、获市级荣誉等家庭、计划生育特别扶助家庭等家庭优先于其他家庭选房	最简单：申请人之一属于三级以上（含三级）残疾人
确定入围选房的排序规则	按取得保障资格的审批时间排序。顺序：1. 第一级优先家庭；2. 按年度排序，本市城镇低收入家庭排在其他家庭前面；3. 其他家庭	按照准购资格书编号顺序。优先资格的家庭排在非优先家庭前面	在公证机构的监督下公开摇号确定购房排序。先对优先资格家庭进行摇号，再对普通资格家庭摇号
选房后续管理	与平台公司签订公共租赁住房租赁合同后，与物业公司办理入住手续	与开发建设单位签订经济适用住房买卖合同	与开发建设单位签订限价普通商品住房买卖合同

第五节 管理模式

政府建设保障性住房旨在解决中低收入家庭的住房困难问题。为了更好地发挥保障性住房的保障功能，最大限度地挤压寻租、牟利空间，南宁市切实加强对保障性住房的后续管理，健全保障性住房管理机制，经过反复地探索和不断地实践，形成了动态管理、联动核查、规范退出的保障性住房管理模式，有效地破解了"进易退难"的问题，确保保障性住房实现动态保障、良性循环，政府资源得到合理有效配置。

一、后续管理从注重静态到注重动态

南宁市早期对住房保障对象的后续管理相对薄弱、固化，然而住房保障对象并非固定不变的群体。随着经济条件的改善，部分家庭的收入大幅提高，也产生了进一步改善住房条件的需求，但由于缺乏退出的主动性，仍然持续占用住房保障资源。针对住房保障对象动态变化的特点，南宁市逐步建立起动态化的后续管理工作机制，对保障家庭的人口、收入、住房等状况进行跟踪监督，以促使不符合保障条件的家庭及时退出住房保障序列。

(一)做好管理制度设计

为加强经济适用住房后续管理，根据住房和城乡建设部《关于加强经济适用住房管理有关问题的通知》(建保〔2010〕59号)，南宁市于2010年11月出台了《南宁市人民政府关于规范经济适用住房管理的通知》(南府发〔2010〕66号)，对购房家庭购买经济适用住房的时间和家庭住房状况的不同情形进行分类规定、分类处理。2015年10月出台《南宁市经济适用住房管理办法》（南宁市人民政府令第43号），对有关经济适用住房售后管理规定方面，既注重与以往的经济适用住房政策有效衔接，又注重与多占住房清退政策相结合；既对不存在违规情形的购房家庭退出经济适用住房做出明确规定，又对住房状况发生了变化的购房家庭（如购买经济适用住房后又购买其他住房），规定了相应的处理方式（表3-5-1），进一步完善了经济适用住房动态管理机制，也为经济适用住房退出工作提供了政策依据。

表3-5-1　南宁市经济适用住房售后管理规定

<table>
<tr><th>家庭类型</th><th>签订经济适用住房买卖合同的时间</th><th colspan="2">处理方式</th></tr>
<tr><td rowspan="2">无其他住房</td><td>2009年9月1日前</td><td colspan="2">在取得房屋所有权证后，按照2009年度同类同地段标定地价的10%缴纳相关价款后转为完全产权</td></tr>
<tr><td>2009年9月1日后</td><td colspan="2">按照合同约定执行；没有约定的，自缴纳契税取得完税凭证之日起满5年并取得房屋所有权证后，按照届时同类同地段存量住房平均交易价格及当年购房款与政府的出资额比例确定的金额缴纳相关价款后转为完全产权</td></tr>
<tr><td rowspan="2">购买经济适用住房后又购买其他住房</td><td>2009年9月1日前</td><td>其他住房属于非政策性住房的，按照2009年度同类同地段标定地价的10%缴纳相关价款并取得房屋所有权证后转为完全产权</td><td rowspan="2">其他住房属于政策性住房的，按原购房价格予以回购经济适用住房，或者按规定退出政策性住房；如经济适用住房为购房人家庭唯一一套住房的，可以按照届时同类同地段存量住房平均交易价格与原购买经济适用住房价款的差额计算补缴相关价款后转为完全产权</td></tr>
<tr><td>2009年9月1日后</td><td>其他住房属于非政策性住房的，按原购房价格予以回购经济适用住房，或者按照届时同类同地段存量住房平均交易价格×经济适用住房建筑面积×政府出资额比例×（1+10%）计算补缴相关价款后转为完全产权</td></tr>
</table>

在总结和借鉴经济适用住房管理做法的基础上，南宁市对限价普通商品住房的后续管理也做出了明确规定。南宁市于2013年9月出台了《南宁市人民政府关于印发限价普通商品住房管理办法的通知》(南府发〔2013〕46号)，依据购房家庭状况发生变化的不同情形如继承、受赠或者购买其他住房等，规定了其退出限价普通商品住房保障的具体方式(表3–5–2)。

表3–5–2　南宁市限价普通商品住房售后管理规定

家庭类型	处理方式
因继承等非购买方式取得它处住房	按照届时同地段、同类存量住房平均交易价格20%的比例缴纳相关价款，将限价普通商品住房转为商品住房
需另行购买其他住房	自签订限价普通商品住房购房合同之日起满5年并取得房屋所有权证后，按届时同地段、同类存量住房平均交易价格20%的比例缴纳相关价款，将限价普通商品住房转为商品住房

(二)强化使用过程监督

南宁市切实采取有效措施，推进保障性住房动态管理，保证保障性住房公平善用。

一是完善合同约定。以经济适用住房为例，在购房人购买经济适用住房时就以合同方式约定，经济适用住房在符合上市交易年限规定并补缴相关价款取得完全产权之前，只能用于自住，不得出售、出租、出借和改变住房用途。已购买经济适用住房的家庭再购买其他住房的，必须先办理经济适用住房退出手续或者通过补缴相关价款取得经济适用住房的完全产权。

二是严格监督管理。南宁市住房保障管理部门定期或不定期通过入户调查、邻里访问及书面查证等方式，对已分配的保障性住房使用情况(包括自住、闲置、出租、出借、出售及住房用途等)进行检查，发现保障家庭存在违规使用保障性住房行为的，责令限期整改，逾期拒不整改的，则依照政策规定和合同约定收回违规家庭取得的保障性住房。

二、部门核查从各自为政到协同联动

住房保障工作涉及住房保障、自然资源、民政、公安、人社等多个部门，环环相扣、密不可分，但过去由于各部门之间信息不畅通、各环节信息不对称的问题突出，住房保障核查工作难以达到精准、高效。为此，南宁市积极寻求突破，着力加强各部门信息的收集与共享，促进各环节一体化联动机制的形成与完善，保证住房保障各项政策的有效实施。

（一）实行交易限制

南宁市明确规定销售型保障性住房在未转为完全产权之前不得上市交易，购房家庭也不得购买其他住房。购房家庭在未退出经济适用住房或限价普通商品住房保障前，属于住房保障对象，由南宁市不动产登记机构列入房屋交易登记限制，并在颁发房屋权属证书时注明该房屋属于经济适用住房或限价普通商品住房。南宁市的房地产中介服务机构不得代理买卖、出租经济适用住房或限价普通商品住房。购买经济适用住房的家庭自缴纳契税取得完税凭证之日起满5年，购买限价普通商品住房的家庭自签订购房合同之日起满5年，可以在取得房屋所有权证或不动产权证书后，向南宁市住房保障管理部门申请办理经济适用住房或限价普通商品住房转为完全产权、上市交易业务，经审核通过并办结补缴相关价款手续，方予以解除房屋交易登记限制。

（二）建立联动机制

南宁市住房保障管理部门与经济适用住房、限价普通商品住房小区的物业服务企业建立了违规查处联动机制，双方签订服务合同，由南宁市住房保障管理部门定期拨付工作经费，物业服务企业则派专人负责违规查处联动的日常工作，包括定期将小区内经济适用住房、限价普通商品住房的违规使用情况报送南宁市住房保障管理部门，配合南宁市住房保障管理部门发放整改通知书、开展入户调查、现场取证等工作，以及跟踪督促违规住房保障家庭进行整改。通过调动物业服务企业的力量，促进保障性住房监督管理的常态化、长效化。此外，南宁市还建立了住房保障、自然资源、民政、公安等多部门数据核查联动机制，通过共同开发数据端口实现信息实时共享，不定期对住房保障家庭的人口、婚姻、户籍、住房状况进行全面摸排。借助数据核查联动机制，购房家庭在申请将经济适用住房或限价普通商品住房转为完全产权、上市交易时，南宁市住房保障管理部门得以对其家庭的人口、婚姻、户籍、住房状况进行实时核查，严格把好退出关口。

三、退出机制从偏于形式到规范化

保障性住房是政府提供的一种公共资源，也是一种有限资源，应当给予最需要且真正需要的人。尽管住房保障政策规定了不符合保障条件的住房保障家庭必须退出，但如果缺乏行之有效的退出机制，政策也难以落地。为促使保障性住房得到有效利用，南宁市从完善制度、强化约束着手，采取主动退出与强制退出相结合，通过不断规范、细化退出机制，形成了住房保障既能进也能出、有序流动的良好局面。

（一）实行收益调节

与商品住房拥有全部产权不同，南宁市明确规定经济适用住房为有限产权。由于经济适用住房享受诸多优惠政策，不仅建设用地采取行政划拨方式供应，减让了土地出让金，还予以减免收取城市基础设施配套费、人防异地建设费、白蚁防治费、墙改基金等行政事业性收费和政府性基金，而经济适用住房的销售价格中并未包含政府出资额在内，政府出资额即土地出让金减让、税费减免等政策优惠额之和，因此，购房家庭只拥有经济适用住房的部分产权，如需取得完全产权或者想要上市交易，须按照南宁市经济适用住房政策有关规定向政府补缴土地收益等相关价款。由于限价普通商品住房建设用地公开出让时，政府也让渡了部分土地增值收益，同时为消除限价普通商品住房的牟利空间，南宁市规定限价普通商品住房转为完全产权或者上市交易，购房家庭须按照规定比例向政府缴纳相关价款。南宁市住房保障、税务、财政部门定期制定并公布不同土地级别存量住房平均交易价格，并据此测算不同土地级别经济适用住房、限价普通商品住房项目的平均交易价格，作为经济适用住房、限价普通商品住房上市交易补缴相关价款的标准。

截至2022年6月，南宁市已有23061户家庭办理了经济适用住房转为完全产权、上市交易手续，共计收缴相关价款71166.2万元；有572户家庭办理了限价普通商品住房转为完全产权、上市交易手续，共计收缴相关价款6017.78万元。

（二）实现应退尽退

以经济适用住房为例，根据南宁市现行经济适用住房政策有关规定，退出经济适用住房保障可以通过以下两种方式：一是通过申请补缴相关价款的方式，取得经济适用住房的完全产权，住房性质转变为市场化商品住房；二是依据经济适用住房管理办法的规定或者经济适用住房买卖合同的约定，由政府予以回购或者作价收回经济适用住房。

南宁市通过定期或不定期开展专项核查行动，及时纠正和处理违规购买经济适用住房的行为。对核查发现家庭状况发生变化仍符合经济适用住房购买条件的家庭，以发送短信的方式通知其及时办理信息变更手续。对家庭状况发生变化后已不符合经济适用住房购买条件的家庭，通过发送短信、邮寄和上门张贴整改通知书、去函单位等方式，责令购房家庭在规定期限内按要求办理经济适用住房退出手续或者补缴相关价款手续。对未在规定期限内按要求办理经济适用住房退出手续或者补缴相关价款的家庭，由城市管理执法部门处以3000元以上1万元以下的罚款。对隐瞒家庭人口、收入、住房等不符合经济适用住房购买条件的情况或者提供虚假材料骗购经济适用住房的家庭，由南宁市住房保障管理部门按原购房价格作价收回经济适用住房，且5年内不得再次申请购买或者租赁各类政策性、保障性住房，并纳入南宁市住房保障失信名单，收回的经济适用住房继续作为保障性住房向符合条件的家庭出售或者出租。

截至2022年6月，南宁市累计收回经济适用住房986套。

（三）优化退出程序

为提高工作效率，方便群众办事，按照深化政务服务改革的有关要求，南宁市住房保障管理部门简化了销售型保障性住房转完全产权、上市交易的业务流程。以经济适用住房为例，经济适用住房转完全产权、上市交易业务审核时限从原来的12个工作日缩减至3个工作日。对购房家庭名下仅有一套经济适用住房，无其他住房及违规行为的转完全产权、上市交易业务从三审简化为二审。线下办理经济适用住房转完全产权、上市交易业务，不再收取纸质材料，而是直接将需核验的材料扫描上传到业务系统，实现业务办理无纸化。

此外，按照做好疫情防控的有关要求，南宁市创新服务理念，采取线上线下相融合的方式，通过“南宁住建”微信公众号、“邕有家”微信公众号、广西数字政务一体化平台等线上服务渠道，推行经济适用住房转完全产权、上市交易业务的线上申请、线上审核，实现线上线下无差别受理、同标准办理。已购买经济适用住房的家庭足不出户即可用手机或者电脑申请办理业务，无须到现场提交任何材料，审核通过后可通过住房保障自助服务终端机快速完成缴款，全程“不见面审批”，既缩短了办事时间，减少了群众“跑腿”，又减少了不必要的人员聚集，降低了交叉感染风险。

第四章

公租房“南宁经验”获全国推广

让群众住有所居、住有宜居，是住房保障的应有之义。南宁市始终践行以人民为中心的发展思想，坚持民生至上，创新公共租赁住房建设管理模式，形成了户型小功能全、租金低服务好、分布多覆盖广等特点，于2021年获得了李克强总理的高度评价和肯定性批示，被住房和城乡建设部誉为公租房"南宁经验"，并在全国予以推广，为国家制定住房保障政策提供了"南宁样本"。

第一节　公租房"南宁经验"创造全国性影响

一、获得各级领导肯定和批示

2021年9月17日，中共中央政治局常委、国务院总理李克强来到南宁市仙葫苑公共租赁住房小区（图4-1-1）视察，对南宁市公共租赁住房建设管理做法感到非常欣慰，给予高度赞许，要求有关部门总结推广。根据李克强总理的指示，国务院办公厅、住房和城乡建设部、国家发展改革委组成联合调研组，于2021年9月25—27日对南宁市公共租赁住房保障实际情况开展调研，形成了《关于南宁市发展小户型公租房让更多住房困难群众得到兜底保障有关情况的调研报告》，指出南宁市公共租赁住房具有房屋面积小功能全、租金标准低服务好、小区分布多覆盖广等特点，租住群众感受到实实在在的获得感、幸福感、安全感，有关经验做法应予总结推广，并誉为公租房"南宁经验"。2021年9月30日，李克强总理对《关于南宁市发展小户型公租房让更多住房困难群众得到兜底保障有关情况的调研报告》作出肯定性批示，明确要求予以总结推广。2021年10月，时任自治区党委书记鹿心社，自治区主席蓝天立，时任自治区党委常委、南宁市委书记王小东均作出批示，要求贯彻落实李克强总理批示精神，总结推广好的经验做法。南宁市人民政府主要领导、分管领导多次主持召开专题会议进行研究部署，在管理体系建设、资源筹集、技术支持、资金投入等方面统筹安排，推动公共租赁住房特色化建设，努力推进南宁市住房保障事业高质量发展。

图4-1-1　南宁市最大的公共租赁住房小区——仙葫苑

二、为国家制定政策提供参考

李克强总理到南宁市仙葫苑公共租赁住房小区视察时，走进居民家中察看居住条件，与小区居民座谈，当他了解到这里居住着近万户大中专毕业生、外来务工人员和低收入家庭时，对南宁市发展小户型公共租赁住房予以赞许。他说，这有利于让更多住房困难群众得到兜底保障，而且房屋功能全，居住条件也改善了，不少人希望将来买房，只要奋斗就能过上更好日子。李克强总理到仙葫苑小区的视察和表态，先后被中央电视台、《人民日报》、新华社、中国政府网等国家级媒体广泛宣传报道，特别是李克强总理在国家调研组的调研报告上作出批示，要求予以总结推广，让公租房“南宁经验”为国家制定住房保障政策提供了“南宁样本”。2021年12月，住房和城乡建设部下发《关于进一步规范发展公租房的意见（征求意见稿）》，要求借鉴“南宁经验”，将发展户型套均面积30平方米左右、配备厨卫等必备设施的小户型公共租赁住房，以及合理规划布局，完善小区基础设施，合理配套便民市场、教育、医疗卫生、养老托育服务设施等内容写进文件，作为政策要求在全国推广和贯彻落实，为国家指导各省（区、市）科学谋划“十四五”公共租赁住房、保障性租赁住房工作提供了典型范例和宝贵经验。

第二节　公租房“南宁经验”主要特点

南宁市认真贯彻落实习近平总书记“让全体人民住有所居”重要指示精神，坚持以人民为中心的发展思想，聚焦民生保障，因地制宜发展住房保障，形成了户型小而多、功能有而全、租金低标准、保障多类型、进退有序化、服务专业化的南宁市公共租赁住房建设管理新模式，实现住房保障从应保尽保到能保尽保、住有所居到住有宜居的高质量发展转变。截至2022年6月，市区累计开工建设公共租赁住房项目50个、住房6.6万套，建成项目38个、住房5.9万套，已分配入住公共租赁住房5.4万套，解决了近15万困难群众的住房问题，实现从忧居到安居的转变。

一、户型小而多

（一）在全国率先推出以户型套均面积30平方米左右为主体的公共租赁住房供应模式

南宁市以立足首府独特区位、保障为本、人才先行为思路，积极发展小户型公共租赁住房，从初期购买小户型到结合本市保障需求调整建设供应，在全国率先推出以户型套均面积30平方米左右为主体，40平方米、50平方米为补充的公共租赁住房供应模式。南宁市的首个廉租住房小区龙翔苑保障房小区于2003年开工建设，2003—2011年开工建设的公共租赁住房（廉租住房）小区有8个，筹集公共租赁住房（廉租住房）4724套，占市本级公共租赁住房总套数的7.9%。这一时期的房源筹集方式以购买符合要求的小户型住房为主，初步形成单间配套户型套均面积约30平方米、一房一厅户型套均面积40~50平方米、二房一厅户型套均面积50~60平方米的户型标准。由于此时政府参照市场价格与开发商购买，价格比较高，房源筹集数量比较少。

“十二五”期间是南宁市公共租赁住房发展的高峰期，开工项目37个，筹集公共租赁住房房源5.1万套，占市本级公共租赁住房总套数的86%。这一时期公共租赁住房筹集方式以自建、代建为主，社会投资、配建等多种方式并存，多渠道、多主体筹集房源。户型供应结构是根据公共租赁住房申请家庭户数多、家庭成员少的特点及需求调查结果而设定的（表4-2-1），2012—2021年十年期间，南宁市获得公共租赁住房保障资格的单人户占比为51.03%，两人户占比为16.67%，三人户占比为18.35%，四人及以上户占比为13.95%。为此，南宁市在公共租赁住房供应结构上进行相应的匹配，单间配套占比50%，主要保障单人户或两人户家庭；一房一厅占比32%，主要保障两人户或三人户家庭；二房一厅占比18%，满足三人户或四人及以上家庭保障需求。

表4-2-1　2012—2021年南宁市新增公共租赁住房保障资格家庭人数构成表

年份（年）	单人户		两人户		三人户		四人及以上户		合计（户）
	户数（户）	占比（%）	户数（户）	占比（%）	户数（户）	占比（%）	户数（户）	占比（%）	
2012	937	21.71	949	21.98	1930	44.72	500	11.58	4316
2013	444	23.74	439	23.48	821	43.90	166	8.88	1870
2014	422	24.35	420	24.23	716	41.32	175	10.10	1733
2015	2656	33.69	1529	19.40	2595	32.92	1103	13.99	7883
2016	3856	38.07	2072	20.46	2739	27.04	1461	14.43	10128
2017	23919	63.61	7002	18.62	3755	9.99	2924	7.78	37600
2018	11739	41.65	4281	15.19	5869	20.82	6297	22.34	28186
2019	10336	51.00	2826	13.95	3708	18.30	3395	16.75	20265
2020	7742	52.03	2449	16.46	2627	17.66	2061	13.85	14879
2021	16019	61.32	3540	13.55	3309	12.67	3255	12.46	26123
合计	78070	51.03	25507	16.67	28069	18.35	21337	13.95	152983

总的来说，南宁市对标2011年9月28日发布的《国务院办公厅关于保障性安居工程建设和管理的指导意见》（国办发〔2011〕45号）明确指出公共租赁住房以小户型为主，单套建筑面积以40平方米为主的要求，依据国家政策导向和南宁市国民经济发展、人口发展等战略规划，结合同期公共租赁住房申请家庭户数多、家庭成员少的特点及需求调查结果，对南宁市住房保障领域的发展形势进行研判，通过分析保障性住房需求影响因素，综合运用住房调查资料、统计数据、相关规划定量指标，建立住房需求预测模型，分类预测城市保障性住房需求规模，在全国率先推出以户型套均面积30平方米左右为主体（占比50%），40平方米（占比32%）、50平方米（占比18%）为补充的公共租赁住房供应模式，以单间配套户型为主，

一房一厅、二房一厅户型为辅，充分体现公共租赁住房的保基本性、过渡性、经济性等特点，既激励青年人通过自己奋斗改善居住条件，也为房源使用的进退管理减少难度奠定基础。

（二）最大化提高供房率，突出小而多

在公共租赁住房建设初期，特别是廉租住房建设时期，南宁市新建廉租住房、公共租赁住房以多层建筑为主（典型的多层公共租赁住房小区见图4-2-1），建筑面积符合国家要求，单间配套及一房一厅在40平方米以内，二房一厅在50平方米以内。到"十二五"期间公共租赁住房建设高峰期，结合当时国家要求扩大保障覆盖面，以及南宁市土地供应、资金安排、保障需求等情况，适度超前预判，南宁市新建公共租赁住房调整为以高层建筑为主，突出出房量和小面积，适度调整小区容积率和户型结构，争取最大出房量，惠及更多的住房困难群众。不算插花式公共租赁住房小

图4-2-1　南宁市典型的多层公共租赁小区——友谊苑

区，全市纯公共租赁住房小区共有19个，总用地面积67.5万平方米，总建筑面积287万平方米，平均容积率为4左右，建成的公共租赁住房建筑面积199.1万平方米，共49559套，户型套均面积40平方米左右，房小数多，最大限度解决住房困难家庭保障问题。如仙葫苑小区占地面积约9.1万平方米，容积率为4.7，建成房源达10319套，其中单间配套（户型套均面积约30平方米）6655套占比64.5%，一房一厅（户型套均面积约45 平方米）2855套占比27.7%，二房一厅(户型套均面积约55平方米)809套占比7.8%。表4-2-2为南宁市公共租赁住房房源量排名前十位项目户型情况。

表4-2-2 南宁市公共租赁住房房源量排名前十位项目户型情况

序号	项目名称	公共租赁住房套数（套）	容积率	单间配套占比（%）	一房一厅占比（%）	二房一厅占比（%）
1	仙葫苑	10319	4.75	64	28	8
2	昆仑苑	5300	6.11	67	23	10
3	凤岭北苑	3942	4.95	61	21	18
4	八桂绿城·富康园公共租赁住房二期工程	3538	3.99	100	0	0
5	富乐新城	3064	3.22	62	25	13
6	北湖苑	2928	5.59	62	25	13
7	东风南苑	2902	5.05	34	22	44
8	昊壮上贤湾	2520	3.00	56	31	13
9	凤岭南苑	2480	6.29	58	31	11
10	可利苑	2316	3.47	26	64	10

二、功能有而全

（一）房屋功能配置有而全

南宁市所有的公共租赁住房户型均配备厨卫设施和阳台等，户型结构和楼栋空间布局都是精心设计，室内空间紧凑，功能齐全，通风采光良好，尽可能降低公摊率，提高空间使用率。如单间户型建筑面积30平方米，套内建筑面积约23平方米，其中起居室13平方米，卫生间4平方米，厨房4平方米，阳台2平方米，公摊率约23%，房屋面积不大，但起居、烹饪、盥洗、晾晒功能齐全，满足基本居住需求。起居室13平方米与南宁市公共租赁住房保障面积标准13平方米 / 人相契合，体现保基本的住房保障原则。约23% 的公摊率对高层内廊式建筑物来说是比较低的。房屋配有基础装修，水、电、气安装到户，保障户添置部分家具、家电即可入住，十分方便。图4-2-2为南宁市公共租赁住房户型示意图。

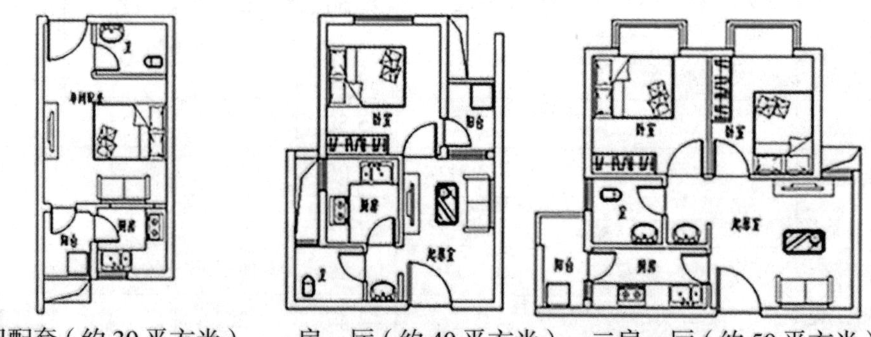

单间配套（约30平方米）　一房一厅（约40平方米）　二房一厅（约50平方米）

图4-2-2　南宁市公共租赁住房户型示意图

（二）小区配套有而全

南宁市公共租赁住房小区优先配置社区服务、医疗卫生、物业管理等公共服务设施，同步规划教育、交通、公共管线等配套设施，合理优化小区环境布局，满足群众的居住品质需求。

一是公共租赁住房小区配套建设社区管理、文化活动、医疗服务、物业服务等用房，同步竣工交付使用。为满足保障家庭子女入学需求，根据片区规划和小区入住人员情况，合理配建幼儿园、小学等教育设施，达到幼儿园配置标准的小区应配尽配。

二是公共租赁住房小区楼间距符合规范，聘请甲级设计院对小区进行规划设计，在容积率较高、出房量大的同时保证楼间距适宜，房屋通风采光良好。道路两边均种植树木，合理利用地面广场及公共场所设置花园、绿地、运动设施，提升居住舒适感和满意度。

三是公共租赁住房小区周边配套齐全。小区周边市政道路、市政管网等配套设施与保障性住房项目做到同步设计、同步施工、同步交付使用，小区外就近有学校、农贸市场、银行、医院、公交站点或地铁口，精心打造15分钟生活圈，满足群众工作生活需要。

三、租金低标准

南宁市人民政府投资建设的公共租赁住房租金标准实行政府定价，社会投资建设的公共租赁住房租金标准实行政府指导价，按照区域级别、房屋类型及楼层差异分别实行不同的租金标准，并按房屋建筑面积计收租金。现行的政府投资建设的公共租赁住房租金标准还是执行2015年制定的公共租赁住房租金标准，4.7~12.5元 /（月・平方米）不等，平均租金标准为8.2元 /（月・平方米），约为同地段市场平均租金24元 /（月・平方米）的

34%。按公共租赁住房平均租金8.2元/(月·平方米)计算，单人户承租政府投资公共租赁住房30平方米(单间)，需要支付租金246元/月，占南宁市人均可支配收入的9%(2021年南宁市居民人均可支配收入3.27万元[①])。在此基础上，城市低收入家庭还可以按租金标准的25%收取，平均租金为2.1元/(月·平方米)，三口之家住40平方米的一房一厅，月租金仅80多元。在同一保障类别内，对本市户籍和外来务工人员采取同等保障政策，均按同一租金标准收取，充分体现政府的兜底保障功能和城市包容性。

南宁市还分层次给予特殊困难家庭不同力度的租金优惠。2016年12月20日起施行《南宁市公共租赁住房租金核减实施细则》，规定属于民政部门认定的城市居民最低生活保障、分散供养的特困人员，可以申请核减公共租赁住房租赁合同约定租金的50%，其中属于孤老、孤病、孤残、伤残军人、军烈属的，可以申请核减公共租赁住房租赁合同约定租金的99%；属于民政部门认定的本市低收入家庭，因重大疾病、意外事故或突发事件等造成人身财产损害的，可以申请核减公共租赁住房租赁合同约定租金的60%；属于本市中低收入家庭、新就业大中专毕业生、外来务工人员，因重大疾病、意外事故或突发事件等造成人身财产损害的，可以申请核减公共租赁住房租赁合同约定租金的50%；本市环卫工人可以申请核减公共租赁住房租赁合同约定租金的50%。此外实行物业费补贴政策，对本市低收入家庭补贴40%物业费，低保家庭补贴60%物业费，充分体现党和政府对低保低收住房困难家庭的关爱之情。

低租金的标准要在能够保证公共租赁住房小区的正常运营、财政不用额外补贴等前提下设定，才能做到可持续性。南宁市公共租赁住房虽然实施低租金政策，但把公共租赁住房的运营管理工作移交给国有企业统一负责，最大限度集中公共资源，降低管理成本投入，既解决了社会住房困难

① 《2021年南宁市国民经济和社会发展统计公报》。

群体的住房问题，也实现国有资产的盘活和良性循环，如2021年南宁市公共租赁住房租金收益1.38亿元，其中住宅类租金1.28亿元占租金收入的93%，非住宅类租金0.1亿元占租金收入的7%，支出维修、人工等成本费用共0.53亿元，运营企业还有一定的盈余额度。

四、保障多类型

南宁市公共租赁住房在优先解决本市城镇户籍低保、低收家庭住房困难的基础上，进一步解决本市城镇户籍其他住房困难群体、外来务工人员、新就业大中专毕业生、城市公共服务人员、引进人才的住房保障难题，保障方式从实物配租的单一渠道发展到实物配租、货币补贴、租金核减、物业补贴等多种方式并举，体现出保障多类型、覆盖面广的特点。

南宁市公共租赁住房低保、低收家庭类保障工作于2002年起开展。2002年至2008年10月，廉租住房保障对象仅为低保家庭；2008年11月起，廉租住房保障对象扩大为低收入家庭，当年新增保障5261户；2009年新增保障量为最高，达9043户；2012年起新增保障量开始下降，2013年以后本市低收入类家庭新增保障量趋于平稳。

2012年南宁市出台公共租赁住房管理暂行办法，在与廉租住房管理办法并行的情况下，将本市中等偏下收入住房困难家庭、新就业大中专毕业生、外来务工人员纳入保障范围，解决本市中低收入住房困难群体保障问题。2015年底，公共租赁住房与廉租住房并轨运行，出台新的公共租赁住房管理办法，适当降低南宁市非低收入家庭准入门槛，进一步加大对新就业大中专毕业生和外来务工人员的吸引力，公共租赁住房保障对象逐渐由仅保障本市户籍住房困难家庭的单一性向保障本市户籍符合条件家庭、新就业大中专毕业生、外来务工人员住房问题等多元性转变。

2016年2月22日，南宁市正式按新的准入政策大批量开展非低收入家庭公共租赁住房申请受理（2015年启动预申请），2017年通过加大政策宣传力度和分配力度，进一步降低准入门槛，南宁市本级获得公共租赁住房保障资格家庭同比增长87%。由于分配趋于饱和以及在建保障性住房项目逐渐减少，2018—2020年非低收入家庭申请量趋于下降。

2021年，由于线上申请的推广、非低收入家庭货币补贴开放申请等原因，非低收入家庭类申请公共租赁住房呈现大幅度增长的态势，同比增长215%，其中89%的新增资格增长量来自本市城市规划区内农村家庭和在南宁市工作生活的新市民（即外来务工人员及新就业大中专毕业生）。

南宁市公共租赁住房保障方式则呈现出以实物配租和货币补贴为主，租金核减、物业补贴等多种方式并举的状态。除了持续实施公共租赁住房实物配租保障，南宁市还逐步扩大货币补贴保障范围、提高补贴标准，2020年起货币补贴发放实现由低收入公共租赁住房轮候家庭到非低收入公共租赁住房轮候家庭全覆盖。

南宁市公共租赁住房保障实现从保障城市最低收入住房困难家庭的高门槛过渡到中低收入家庭的低门槛，从实物配租保障的单一渠道拓展到实物配租、货币补贴、租金核减、物业费补贴的多方式保障，保障对象也实现从单一（城市低收入住房困难家庭）到多元（外来务工人员、新就业大中专毕业生、引进人才或产业技术工人等）的发展变化。

五、进退有序化

南宁市通过建立部门联动机制，不断提升信息化手段，实现智能化管理，创新工作方式，推动公共租赁住房保障的准入和退出有序化，形成公共租赁住房进退有序的典型经验。

（一）准入有序化

南宁市对本市低收、低保、特困等家庭实施应保尽保，对南宁市本级公共服务部门和重点产业住房困难职工实施定向保障，对其他住房困难家庭实施基本保障。

一是对住房困难的低收、低保、特困等家庭，采取依申请保障和主动保障两种方式，确保应保尽保。依申请保障是南宁市公共租赁住房保障准入的基本模式，本市有保障需求的低收、低保、特困等家庭，通过向户籍所在地或实际居住地的街道办事处（乡镇人民政府）提交保障申请，街道办事处或乡镇人民政府受理、初审并公示后，转城区住房保障部门和民政部门对申请家庭的收入、财产等情况进行核查和复审，符合条件的，提交南宁市住房保障部门审核并公示，通过后获得保障资格。主动保障是南宁市特色化的准入模式，改变了依申请被动保障模式，变“人找政策”为“政策找人”，通过定期组织开展全市低收、低保、特困等特殊群体的住房困难调查摸底工作，及时、全面了解特殊群体的住房困难存量及增量情况，第一时间把保障政策和服务送上门，精准实施保障。如2021年，通过对全市19169户（39049人）低收、低保、特困等特殊家庭的住房困难摸底调查，对南宁市本级符合条件且有意愿保障的困难群众进行了保障，实现应保尽保。

二是对公共服务行业和重点产业的住房困难职工，采取集中申请的方式实施定向保障。由申请单位提供住房困难职工的在职证明材料，收集好申请保障职工的身份证件（复印件加盖单位公章）和婚姻材料，指定经办人具体办理本单位集中申请公共租赁住房保障资格的事宜。南宁市住房保障部门开通“绿色通道”，派专人接收、核验用人单位提供的申请材料，符合条件的家庭及时向社会公示后可获得公共租赁住房保障资格。南宁市住房保障部门根据公共租赁住房定向保障房源供应情况，合理安排分配保障。截至2022年6月，南宁市已为846个企业（含单位）20245户住房困难职工提供了公共租赁住房保障。

三是对本市非低收入（含农村）、外来务工、新就业大中专毕业生等住房困难家庭，依申请实施基本保障。在本市城市规划区范围内实际居住，且在本市城市规划区的城镇范围内无自有住房或者家庭人均自有住房建筑面积低于本市住房困难标准（现执行标准为13平方米）的本市非低收入（含农村）住房困难家庭，均可以申请公共租赁住房保障。在本市工作生活并缴纳基本养老保险满一年（名下无房产或有房产未达到标准）的外来务工人员和在本市工作生活且毕业不满五年（名下无房产或有房产未达到标准）的新就业大中专毕业生，均可申请公共租赁住房保障。上述三类家庭向其实际居住地所在的街道办事处或乡镇政府申请公共租赁住房保障资格，获得资格即进入轮候状态，南宁市住房保障部门不定期推出空置房源，进行分配保障。

截至2022年6月，南宁市已有 122161 户本市非低收入（含农村）、外来务工和新就业大中专毕业生家庭申请获得公共租赁住房保障资格。从2020年11月起，南宁市住房保障部门对正在轮候的家庭拓宽了保障渠道，在轮候状态的本市非低收入（含农村）、外来务工和新就业大中专毕业生家庭可在“邕有家”“南宁住建”微信公众号申请货币补贴。截至2022年6月，南宁市已有13811户有公共租赁住房保障资格的本市非低收入（含农村）、外来务工和新就业大中专毕业生家庭申请公共租赁住房货币补贴保障。

为确保公共租赁住房保障准入审核工作高效实施，南宁市住房保障部门进一步优化业务流程，开通线上申请、线上审核业务，依托已共享的数据改进住房保障业务系统，由以前的人工审核优化为系统智能化自动审核，提高审核工作效率。一是线上可申请，非低收入家庭资格申请业务已全部实现网上申请，申请人只需通过手机在“邕有家”微信公众号或App实名注册认证后，即可拍照上传申请所需的身份证件等材料，街道办事处

（乡镇人民政府）经办人线上受理，系统审核，全过程无纸化和“零跑腿”。二是申请收件少，实现了房产、户籍、车辆、婚姻等审核信息的数据共享，申请材料只需要提供身份证件（新就业大中专毕业生增加提供毕业证），基本实现“一证通办”。三是审核时限短，公共租赁住房保障资格申请、变更和资格退出业务已实现智能化审核，审核业务智能化占比达80%，审核时限压缩达90%，群众申请公共租赁住房保障资格从申请到获得资格只需要10天左右就可办结。

（二）退出有序化

“进易退难”一直是全国各地公共租赁住房保障工作中普遍存在的难题。南宁市在公共租赁住房建设管理过程中积极探索解决“进易退难”问题的办法，建立严格的公共租赁住房退出机制，确保不符合公共租赁住房保障条件的家庭有序退出，把更多的公共租赁住房房源分配给轮候家庭，提高公共租赁住房的周转使用率，促进公共租赁住房保障的进入和退出有序循环，形成闭环管理。公共租赁住房退出保障机制有以下情形：

一是因家庭人口、收入及住房等情况发生变化而主动申请退出保障。未实物配租保障家庭可以通过手机或PC端直接在“邕有家”“南宁住建”微信公众号上申请办理退出资格，南宁市住房保障管理部门在线上受理、线上审核，即受理即办结，非常便捷。已实物配租的，由租户先到租住的公共租赁住房小区物业中心和城投集团国有产权房服务站办理退房手续，然后通过线上申请退出资格，市住房保障管理部门通过线上审核即可办结。

二是已实物配租因购买他房需要退出保障。由租户与运营企业城投集团国有产权房服务站签订腾空协议，给予解除办理房屋登记的限制，租户要在6个月的腾空期内腾退公共租赁住房，逾期不腾空的，须按公共租赁住房标准租金的3倍支付房屋占用费，未按协议约定支付租金或房屋占用费，或逾期不腾空的，运营管理单位可以按协议约定从签订租赁合同时交纳的租赁保证金中抵扣，并可以换锁等方式收回房屋和处置屋内未腾空的物品，涉及换锁、腾空物品等相关费用由租户承担或从租赁保证金中抵扣。同时将违规行为报南宁市住房保障部门，纳入信用管理。

三是因存在违规行为被清退出保障。承租人在承租公共租赁住房过程中出现违反《南宁市公共租赁住房保障办法》(南宁市人民市政府令第7号)的情形，如隐瞒真实情况、提交虚假材料骗取保障资格的，无正当理由连续闲置公共租赁住房6个月以上的，拖欠公共租赁住房租金累计6个月以上的，转借、转租、擅自互换公共租赁住房或者改变公共租赁住房用途，将公共租赁住房用于违法活动等违规情形，市住房保障管理部门依职权取消其保障资格，并通过发短信、粘贴限期腾空通知书、上门劝退等方式通知其在限期内退出公共租赁住房。对不配合主动腾退的承租人，创新简易收房程序，由运营公司与社区、物业联动，先对承租人进行调解，仍不配合的，通过换锁等方式回收房屋。截至2022年6月，通过简易收房程序已成功收回了1091套公共租赁住房。

四是房源互换退出。对因工作、子女入学、照顾老人等需要变动居住地方的保障家庭，市住房保障管理部门在“邕有家”“南宁住建”微信公众号建立了房源互换平台，保障家庭可以在房源互换平台发布换房需求，当换房需求匹配成功，通过市住房保障管理部门审核通过，即可重新签订合同，相互换房。所换房源户型必须与家庭保障人口要求相符。截至2022年6月，已有516户家庭通过房源互换平台成功调换房源。

从公共租赁住房的周转率情况来看，南宁市2012—2021年的十年时间，新增房源共有51868套，按照5%比例剔除维护维修及新老住户进出衔接等因素的房源外，约有49274套房源可以配租使用。而实际上，十年期间，新增的实物配租家庭达到59533户，也就是说，十年中以49274套公共租赁住房解决了59533户家庭住房保障问题，公共租赁住房的周转率达到20.8%，“进退有序”的成效十分显著。

六、服务专业化

（一）运营服务企业化

2018年7月31日起，南宁市通过购买服务方式将南宁市本级政府投资建设或出资购买的32个公共租赁住房小区共5.2万套公共租赁住房移交给南宁城投集团运营管理。由南宁城投集团具体负责租赁合同签订，办理入住、退房，租金收缴，日常巡查，采集违法违规行为证据，房屋维修养护，采购物业服务企业、签订物业委托服务合同等工作。南宁城投集团以国有产权房运营中心为指挥中心，创建四个国有产权房服务站，形成“1+4”的运营管理模式，实行统一标准、统一模式，提供专业、多样、贴身的管理和服务。

（二）运维管理专业化

南宁市将公共租赁住房分配管理信息系统与运营管理信息系统全面衔接，实现房屋、资格、配租等数据互联互通，实时共享，形成住房保障业务从申请资格、房源分配、入住到退租、房源重新分配全程一体化闭环管理。实行一站式办理，租户用手机微信即可办理选房、签合同、入住、交租、报修、退房等所有业务。实现最快5分钟完成线上签约，支持线上支付、银行代扣多渠道缴费，租金收缴率达97%。针对房屋维修、电梯和消防设施分类别优选专业单位，并将维修管理全过程纳入系统平台办理及监管，维修及时率达97%。公共租赁住房小区实现物业企业服务全覆盖，建立物业服务量化评价体系，成立稽核小组每月抽查，提升物业服务质量，物业服务费收缴率达95%，住户对公共租赁住房的服务比较满意。

（三）小区管理智慧化

一是安装智能门禁系统，具有出入识别、访客管理等多重功能，有效解决公共租赁住房转租、转住、欠租、小区安全等问题。二是远程监控可视化管控，对消防通道占用、高空抛物、烟火监测、人员聚集、周界防范等事件进行弹框预警。三是为公共租赁住房小区独居孤寡人员、重度残疾人士、重大疾病患者安装一键呼救系统，并推广运用至小区幼儿园，建立起“护老护苗”联防机制，截至2022年6月，19个纯公共租赁住房小区已实现一键呼救系统全覆盖。四是设立公益慈善基金，用于帮助公共租赁住房小区符合条件的特殊困难租户缴纳部分租金，减轻帮扶租户经济负担。五是开通“绿色通道”，以服务站点为单位，成立帮扶小分队，为困难家庭提供上门服务业务。六是建立党员义务服务站，对小区的失业人员、下岗职工提供职业培训、职业介绍、安置就业等社会化服务。七是积极组织开展“阳光社区 美丽家园”创建活动，2021年以来，组织凤岭北苑等公共租赁住房小区开展创建活动，通过不断健全配套设施，完善公共服务，进一步改善了公共租赁住房小区的居住环境。

第三节　公租房“南宁经验”主要做法

南宁市委、市人民政府坚决贯彻落实以人民为中心的发展思想，始终牢记国之大者，聚焦解决困难群众住房保障问题，多措并举，大力推进保障性安居工程建设，切实履行兜底保障职责，将改革发展成果更多、更公平惠及人民群众。

一、创新决策机制，破解项目稳步推进难题

南宁市积极响应国务院重点发展公共租赁住房的意见[①]，创新保障性安居工程决策机制，建立和完善各项制度，确保以公共租赁住房为主的保障性安居工程项目顺利推进，如期完成开工建设任务，不断开创南宁市保障性住房建设发展新格局。

（一）建立高位统筹机制

以国之大者的站位坚决打起住房保障工作的政治责任，成立以市长为组长、副市长为副组长的南宁市保障性安居工程建设领导小组（以下简称领导小组），统筹住房和城乡建设、发展改革委、自然资源、财政等部门，一体化推进保障性住房建设，从源头上为推进公共租赁住房项目布局、土地供应、资金安排提供有力的组织保障。

（二）建立联席会议制度

由南宁市领导牵头组织领导小组成员单位定期（每季度）或不定期召开联席会议，研究解决公共租赁住房等保障性住房建设项目推进过程中遇到的重大问题，保证项目的各项政策和主体责任落实到位。

（三）建立工作例会制度

南宁市保障性安居工程建设领导小组办公室（以下简称领导小组办公室）每半个月或每个月召开协调例会，协调解决公共租赁住房等保障性住房建设项目建设过程中的瓶颈问题，保证项目如期推进、如期开工和竣工。

---

① 《国务院办公厅关于保障性安居工程建设和管理的指导意见》（国办发〔2011〕45号）

（四）建立联合检查制度

由领导小组及其办公室牵头组织相关职能部门，对南宁市保障性安居工程的质量、安全、进度、资金使用情况等定期检查（至少每季度一次），并对检查结果进行通报。对在检查中发现的问题，由领导小组办公室、市监察委和市委、市人民政府督查室采取专题跟踪督办、下发督办通知书等方式对问题处理情况进行督促。

（五）建立问责制度

由领导小组办公室采取每月定期通报制度，对每季度工作完成情况进行综合排名。工作进度缓慢、责任落实不到位、不能按时完成任务的，责任单位及负责人要向市人民政府作出报告。造成重大不良后果和影响的，根据有关规定对负责人进行约谈和问责。各级纪检监察部门对公共租赁住房等保障性安居工程项目工作开展中各级政府职能部门的办事效率、办事程序、服务水平等进行效能监察、执法监察、廉政监察。

二、创新保障机制，破解项目要素筹措难题

保障性住房建设的关键要素就是土地供应、资金保障。南宁市创新建立土地供应、资金筹措机制，并将年度住房保障的项目用地、项目建设、资金筹措和投入等任务，分配到各城区、开发区，列入年度绩效考核内容，促进公共租赁住房的建设用地、资金投入得到保障。

（一）建立刚性比例和多渠道的土地供应机制

优先供应保障性住房建设用地，确保每年度保障性住房建设用地供应不低于住房建设用地供应总量的18%。在新增建设用地年度计划中，单列城镇保障性安居工程建设用地，新增建设用地不能及时满足保障性安居工

程建设需要的，从政府储备土地中优先安排。政府投资的廉租住房、公共租赁住房项目，其用地实行划拨方式供应。采用其他方式投资建设的公共租赁住房，其用地可按出让、租赁、作价入股等多种有偿方式供应。在符合城市总体规划、土地利用总体规划的前提下，用地单位可利用原自有住宅用地、非住宅用地投资建设面向本单位员工出租的公共租赁住房，其用地权属和供地方式保持不变。农村集体经济组织在不改变土地权属关系，且保证集体住宅和产业用房的前提下，可利用自有的集体建设用地增加建设只租不售的公共租赁住房。以划拨方式供地且集中建设的保障性安居工程建设项目可按项目总建筑面积10%~15%的比例配置商业配套服务用房，只租不售，主要用于为居民提供便捷服务。政府投资建设项目配置的商业配套服务用房，产权归政府所有，所得租金收益用于弥补保障性住房运营管理经费的不足；社会资金投资建设项目配置的商业配套服务用房，房屋产权和租金收益归投资人所有，政府按规定收取土地收益金。同时建立保障性住房选址审查机制，住房和城乡建设部门根据保障住房公共基础设施需求，联合财政、自然资源等部门对各城区开发报送的项目选址意见书进行审核，根据区域需求分布项目，注重向保障房需求量大的城区倾斜，避免出现选址边缘化现象。

（二）放宽规划设计要求，集约优化项目建设

公共租赁住房项目的间距、退距等均按最低要求设置，尽量提高土地容积率，适当放宽对容积率、建筑密度、绿地率的限制，鼓励设计单位充分利用土地，进行集约化设计，使土地利用更充分。按“满足基本保障”的原则，控制公共租赁住房的套型面积。针对公共租赁住房供应对象的特点，多设计单间配套的户型。对廉租住房，也适当增加小户型数量。优化户型组合和设计方案，尽量增加保障性住房套数，多为保障对象提供小户型、功能齐、有质量保证的住房。放宽建筑设计要求，在满足居民居住基

本需求的前提下，小区局部地方的日照、采光、通风等均可参照公寓的建筑设计要求进行设计；停车位按规定的最低限度进行配置。

（三）创新筹建模式，鼓励社会资金参与建设

南宁市公共租赁住房筹建以政府投资建设为主，社会投资为辅，采取政府购买、自建、代建、社会投资、配建等多种建设模式，多渠道、多主体筹集房源。在政府主导下，社会各方形成合力，充分利用企业的技术力量、经验，自有资金和土地参与建设公共租赁住房。

一是政府购买，即通过向市场直接购买的方式，购买符合要求的小户型住房作为公共租赁住房，以龙翔苑、澳华花园、桃花源及中房·碧翠园4个项目为代表，政府购买模式能较快筹集房源但成本较高，在南宁市公共租赁住房发展早期较为常见。

二是政府自建，即以政府机构负责公共租赁住房建设，以梧桐苑、友谊苑、环卫公寓、仙葫苑等10个项目为代表，政府自建模式充分发挥政府兜底保障作用集中力量办大事，但该模式对资金投入和专业性要求较高，“十一五”时期以政府自建为主。

三是企业代建，即政府提供土地和资金，通过支付代建管理费的形式委托房地产开发建设公司（主要是国有企业）建设公共租赁住房。南宁市本级代建项目有边阳苑、北湖苑、昆仑苑等11个项目。企业代建的方式极大缓解了政府人力物力不足的情况，减少了政府的工作量，且能充分发挥企业的专项优势，利用企业自身的技术力量和管理经验，对建设项目的安全、质量、进度进行较好地把控。

四是社会投资，指由企业自筹资金利用自有建设用地开发建设公共租赁住房，产权和租金收益归企业所有，租赁权属于政府。截至2022年6月，社会投资建设的项目有云星·钱隆御景、邕滨苑等8个项目。

五是配建，即房地产开发建设单位竞拍国有建设用地时，与政府签订

的土地出让合同中约定，在开发建设的商品住房项目中，按一定比例配套建设公共租赁住房并无偿移交政府。截至2022年6月，企业配建的项目有时代茗城、森林假日、保利·爱琴海等17个项目。

社会投资与配建项目均不需要政府提供建设资金，也不需要政府另外划拨土地建设，两种建设模式共引入社会资金近37亿元，缓解了财政压力，增加了公共租赁住房（包括廉租住房）土地供应渠道。

（四）建立保障性住房建设融资平台，加快建设资金筹措

对公共租赁住房项目建设，南宁市实行公共租赁住房资金优先保障政策，以地方财政资金为主，中央资金为辅，发动社会资金参与，形成合力。

一是将保障资金列入地方财政预算，在土地出让金、公积金净收益等优先安排公共租赁住房建设资金，加大地方财政资金投入。同时，积极争取中央和自治区财政补助资金，申请中央预算内投资资金配套建设公共租赁住房小区及周边基础设施等。2007年至2022年6月，南宁市累计争取到上级公共租赁住房保障专项资金补助27.45亿元，其中中央资金22.86亿元，自治区资金4.59亿元。从土地出让净收益中计提不低于10%的资金，以及利用住房公积金增值收益结余（扣除贷款风险准备金和管理费用）作为住房保障资金，统筹用于公共租赁住房建设；市财政从土地出让金净收益中计提5%的资金，从城市维护建设税、城镇公用事业附加、城市基础设施配套费等费用中计提5%的资金，统筹用于公共租赁住房等保障性安居工程建设。在留足住房维修资金、职工住房补贴款、职工住房公积金后，经市人民政府批准，由市住房和城乡建设部门按一定比例统筹行政事业单位的售房款用于公共租赁住房建设。

二是积极建立政府与银行业金融机构的协调机制。支持银行业金融机构以市场化方式向保障住房自持主体提供长期贷款；按照依法合规、风险可控、商业可持续原则，在实施房地产信贷管理时予以差别化对待，支

持银行业金融机构发行金融债券，募集资金用于保障住房贷款投放，支持企业发行企业债券、公司债券、非金融企业债务融资工具等公司信用类债券，用于保障住房建设运营。企业持有运营的保障住房具有持续稳定现金流的，可将物业抵押作为信用增进，发行住房租赁担保债券，支持商业保险资金按照市场化原则参与保障住房建设。

三、创新发展理念，破解供需结构平衡难题

南宁市在不断推进保障性住房工作中，公共租赁住房的发展理念也逐步得到升华和创新，从开始的住有所居发展到住有宜居，从兜底保障发展到兜底与发展保障并重，切实增强保障家庭的获得感、幸福感、安全感。

（一）从住有所居到住有宜居

南宁市自2003年开始建设公共租赁住房（廉租住房）以来，以解决困难群众住有所居为目标，结合同时期的住房保障申请量以及申请家庭人口特点，持续在空间布局、户型设计上探索，突出公共租赁住房的普惠性、过渡性特点，解决低收入群体的住房困难问题，在保证住有所居的基础上，逐步完善公共租赁住房小区功能配套，提升居住环境品质、功能品质，实现住有所居与住有宜居并重发展。

一是以小户型设计理念保障基本需求。南宁市深化供给侧结构性改革，根据申请家庭户数多、家庭成员少的特点以及需求调查结果，结合城市人口净流入趋势，以经济实用的小户型为基本设计理念，推出以户型套均面积30平方米（单间）左右为主体，40平方米（一房一厅）、50平方米（二房一厅）为补充的户型。南宁市“十二五”“十三五”发展规划期（即2012年—2021年）获得公共租赁住房保障资格家庭中，单人户占比为51.03%，两人户为16.67%，三人户为18.35%，四人及以上户为13.95%。已建成的

5.9万套公共租赁住房中，30平方米左右单间配套占比达50%，主要保障单人或两人户家庭；40平方米左右一房一厅占32%，主要保障两人或三人户家庭；50平方米左右二房一厅占18%，满足三人或四人及以上家庭保障需求，供需结构基本平衡。

二是以内廊式的空间布局提高产房量。即在一条内走廊两边布置房间，争取最大得房率，而且内廊式的空间布局公摊面积也比较小，充分发挥公共租赁住房经济实用属性。同时，结合土地供应情况，优化调整公共租赁住房小区层数和容积率。公共租赁住房建设初期（2007—2010年），公共租赁住房项目的平均容积率为1.91，以多层为主。“十二五”期间公共租赁住房建设达到高峰期，公共租赁住房项目的平均容积率提高到4.5，以高层为主，争取最大出房量，惠及更多的住房困难群众，如最大公共租赁住房小区仙葫苑占地面积约9.1万平方米，建成房源10319套，解决近2万人的住房困难。发展小户型公共租赁住房既充分体现保障房的过渡性、经济性和保基本属性，又进一步提高土地使用率、最大化提升供房率。

三是以优化的功能配套提高宜居度。积极推动项目周边配套建设，南宁市38个公共租赁住房项目在市区东西南北中方向及各城区均有分布，人口密集的主城区均有5个以上项目，项目周边区域配套市政基础设施条件齐全，与公交系统、轨道交通网络紧密衔接，临近汽车站、动车站和地铁站点，其中距公交站点或地铁口1千米以内的公共租赁住房小区占100%，便于群众工作生活，降低通勤时耗，提高幸福通勤比重，有效解决职住平衡问题。项目按住宅总建筑面积10%~15%的比例配套建设商业服务用房，不仅满足了小区住户的消费需求，活跃了周边的商业氛围，出租获得的收益还可作为项目后期运营维护及管理的补贴费用，保障公共租赁住房运营收支平衡。公共租赁住房小区周边各种商业、休闲场所配套逐步完善，其中距离菜市场或小型商服1千米以内的公共租赁住房小区占100%，距离银行2千米以内的公共租赁住房小区占100%，距离公园、广场等休闲场所2千米以内的公共租赁住房小区占100%，形成舒适便利的生活圈。合理配建幼儿园、小学等教育设施，就近医院等，距离幼儿园0.5千米以内的公共租赁住房小区占100%，距离小学1.5千米以内的公共租赁住房小区占100%，距离初中1.6千米以内的公共租赁住房小区占100%，距离医疗服务点1千米以内的公共租赁住房小区占100%，住户可享受便利的医疗教育等公共服务资源。小区内综合管理服务设施齐全，配备物业管理用房，物业进驻达100%，引进社区管理，距社区2千米以内的公共租赁住房小区占100%，此外小区内运动场地设施、快递网点、垃圾分类收集点、公共厕所配备均达到100%。

（二）从兜底保障到兜底与发展保障并重

南宁市公共租赁住房由原来的兜底保障城市低收入住房困难家庭，转变为城市低收入住房困难家庭应保尽保、外来务工人员和新就业大中专毕业生能保尽保，并主动保障引进人才和产业技术工人，助力首府经济发展。

一是准入从高门槛到低门槛。南宁市公共租赁住房发展初期以本市城镇低保低收家庭为主。自2002年起，南宁市开展廉租住房保障工作，主要保障本市城镇户籍低保低收住房困难家庭，随着城镇化发展，人口流动，保障对象逐渐从低收入家庭延伸到新市民、青年人等非低收入家庭，南宁市住房保障发展也从兜底型保障到发展型保障的转变。

2012年南宁市出台公共租赁住房管理办法，率先打破户籍限制，推行准入标准“同城化”政策，在重点保障本市城镇户籍低保低收住房困难家庭基础上扩大保障覆盖面，将本市中等偏下收入住房困难家庭、外来务工人员、新就业大中专毕业生等非低收入家庭纳入保障，准入条件对住房、收入、缴纳社保、财产有明确要求。

2015年底，根据廉租住房和公共租赁住房并轨要求，重新出台公共租赁住房办法，不再将财产纳入非低收入家庭准入条件，适当降低收入门槛。

2017年，根据房源供应情况，对公共租赁住房办法进行修订，除低收入家庭外的住房困难家庭不再设置收入条件限制，扩大保障范围，进一步解决外来务工人员、新就业大中专毕业生和城市公共服务人员的住房难题。

截至2022年6月，正在保障家庭中，外来务工人员和新就业大中专毕业生占比为44%；累计向5727户环卫工人、公交司机、辅警等城市公共服务人员实施保障。

二是货币补贴保障范围从低保低收群体到全覆盖。南宁市除了持续实施公共租赁住房实物配租保障，还扩大货币补贴保障范围。

2003年起南宁市向最低收入住房困难家庭发放货币补贴保障，2008年11月1日颁布实施《南宁市廉租住房保障办法》(市人民政府令第21号)，货币补贴发放对象由最低收入家庭调整为低收入家庭，补贴发放标准为低收入家庭为7元/(人·月·平方米)，低保家庭和分散供养的特困人员为10元/(人·月·平方米)，保障面积标准为13平方米/人。

2020年，南宁市进一步扩大公共租赁住房货币补贴保障范围并适当提高补贴标准，货币补贴发放对象由原来的只保障低收入公共租赁住房轮候家庭扩大到非低收入公共租赁住房轮候家庭，未取得实物配租的轮候家庭均可申请货币补贴。南宁市货币补贴保障面积标准为13平方米/人，分类实施保障，城市低保家庭、分散供养特困人员补贴15元/(人·月·平方米)，城市低收入家庭补贴12元/(人·月·平方米)，本市户籍非低收入家庭、外来务工人员及中专学历的新就业毕业生补贴7元/(人·月·平方米)，新就业专科及本科毕业生补贴150元/(人·月)，新就业硕士研究生补贴300元/(人·月)，新就业博士研究生补贴600元/(人·月)。

2019年至2021年底，累计向1.8万户住房困难家庭发放公共租赁住房租赁补贴3415万元。货币补贴政策满足住房困难家庭的不同住房需求，灵活选择过渡方式，减轻实物配租轮候压力。

三是贯彻“强首府”战略部署，主动为南宁经济发展做贡献。开展“三岗、三车”①专业服务活动，围绕“强首府”战略目标，由党员、共青团员、业务骨干组成“直通车”服务队，分别对劳动密集型的公共服务行业（如环卫、公交等）、大型企业或重点产业、引进人才或高校毕业生等提供上门或组织专场宣讲政策活动，并提供业务办理绿色通道，收到良好成效。

截至2022年6月，累计向4420户大学本科及以上人才家庭提供人才公寓保障，向130户高层次人才发放购房补贴2568.59万元，为首府经济发展提供了人才保障；向合众新能源汽车、南南铝、富士康等414家重点企业定向配租8930套，解决了首府产业经济发展的后顾之忧。

四、创新“管服”模式，破解精准便捷服务难题

（一）建立房源“大屏”，精准掌握房源信息

南宁市公共租赁住房移交南宁城投集团运营管理后，为保证住房保障管理部门和运营单位的业务无缝隙衔接，2021年将住房保障管理系统与公共租赁住房运营系统进行整合衔接，注重增强公共租赁住房房源管理功能，建立全面直观、智能监管的房态图，把房源、合同、缴费、报修等信息关联，形成全市公共租赁住房房源“大屏”，实现对房源及使用状态100%数字化管理，实时监控。通过房源“大屏”，南宁住房保障管理部门、运营单位可以实时了解有多少房源处于在住状态、有多少房源处于周转状态，可以具体掌握在住保障家庭的基本信息及合同起止时间，周转房

① 三岗：党员先锋岗、青年文明号、巾帼服务岗；三车：人才住保直通车、产业住保直通车、特殊群体住保直通车。

源的周转时间、可分配或不可分配状态，不可分配的缘由（维修、样板、D级危房或查违中等），对不再符合保障家庭的房源及时收回，及时维护维修后进行再次分配，缩短周转期。对周转房源设定预警功能，以不同颜色模块显示不同警示级别，如周转期超60天立即显示红色，提醒公共租赁住房运营单位尽快处理，同时提醒南宁市住房保障管理部门及时跟进督促。

（二）智能化申请审核，保证准入便捷

一是全面推行线上申请。依托信息化建设优化业务流程简化办事环节打造线上申请平台，通过“南宁住建”“邕有家”微信公众号等官方认证的网络平台即可网上申请、网上审核，实现“零跑腿”。

二是严格执行分级审核。申请人通过线上或线下向户籍所在地或者居住地的街道办事处、乡镇人民政府提出保障资格申请，初审通过并公示后，由城区相关部门进行复审，复审通过后，由市住房和城乡建设部门进行核准，公示无异议后，作出保障资格核准决定。

三是积极打通部门信息壁垒。打通与自然资源、公安、民政、人社等部门信息壁垒，实时共享不动产、户籍、婚姻、社保等审核关键数据，结合业务审核条件，制定智能化审核规则，并依据规则对平台相关功能模块进行改造，由系统即时自动进行数据比对、判断，审核全程无须人工干预，即时出审核结果，极大提高审核工作效率。

截至2022年6月，25项业务已实现15项智能化审核，22项线上办理，智能化审核业务量约17万宗。

（三）智能化核查，实现动态监管

一是系统滚动核查保障家庭信息，推行“即变即更”。一直以来，公共租赁住房保障家庭情况出现变化，都是由保障家庭主申请人主动到住房保障管理部门申请更新变动，住房保障管理部门总处于被动状态，很难对

保障家庭的动态情况实时监管，造成了保障变更滞后，降低公共租赁住房保障精准度。

2021年，南宁市开发使用公共租赁住房系统平台自动核查功能，依托不动产、公安、民政、人社、税务等部门的共享信息，实时对保障家庭的房产、户籍、居住证、车辆、养老保险、婚姻等状况进行滚动核查，发现状况变化即自动生成数据，自动筛选出不符合保障条件的家庭名单，然后由保障管理部门立即启动处置程序，实现“即变即更”，实现对保障家庭的有序监管，有效提高公共租赁住房保障精准性。

二是推行小区智慧化管理，实时监测房屋居住状况。为保障公共租赁住房居住状况与保障家庭精准匹配，从2015年开始，南宁市陆续在公共租赁住房小区安装智慧监控系统，对小区出入口进行视频监控，对单元门进行人脸识别，加上物业公司或运营公司的日常巡查及用水用电监控，全面掌握居住人员是否属于保障家庭成员，是否常住，是否存在违规改变用途、出借出租、空置闲置等问题。

从2021年开始，对边阳苑等小区更换安装智能锁，实现了入户情况的智能监控，增强了对公共租赁住房居住状况的监管力度。同时设置违规举报电话和网络举报留言，畅通举报渠道，市民发现公共租赁住房改变用途、出借出租、空置闲置等情况，均可以通过电话或网络留言进行举报。对发现存在违规改变用途、出借出租、空置闲置等问题，由运营公司进行核实，情况属实的，要求保障家庭立即整改，拒不整改的，由住房保障部门取消保障资格，启动清退程序。

（四）改进服务方式，精准实施应保尽保

南宁市除了利用报刊、网络、手册、海报、电子屏幕、展板等媒介大力宣传住房保障的相关政策、申请流程，还对低收、低保、特困家庭的住房状况和需求进行全覆盖摸底调查，建立本市低收、低保、特困家庭数据

库，为住房困难家庭提供精准保障。住房保障原本是依申请而保障，对低收、低保及特困家庭应保尽保。南宁市进一步拓展住房保障服务内涵，主动出击、主动作为，通过民政、残联、退役军人服务部门等单位，汇集整理市本级低收、低保、特困家庭名单，结合住房保障条件进行筛查，将筛查后的家庭信息进行系统化管理，对未获得保障的城镇低收、低保、特困家庭，要求城区工作人员上门宣传住房保障政策并提供上门办理业务服务，一对一跟踪服务，帮助老、残、病等群体不了解政策、不会申请保障等实际问题，做到不留死角、不落一人，确保住房保障应保尽保的目标落实到位。

五、创新分配模式，破解房源使用效率提升难题

（一）率先推行线上选房模式，提高房源分配效率

随着城市净流入人口的增长和住房保障工作的深入发展，群众对住房保障需求不断增长，出现了公共租赁住房房源少、轮候量大的问题。在房源有限的情况下，唯有提高房源分配效率和使用率，方能最大限度地解决房源少、轮候量大的问题。

2020年4月，南宁市率先开发使用公共租赁住房“线上报名、线上选房、线上签约”分配管理系统，轮候家庭通过手机或者电脑在微信公众号等网络平台，就可以办理报名、选房、合同签约等手续，实现“零跑腿”。在线上选房环节，申请人在规定的选房时间内进入选房平台进行签到和选房，申请人点击“开始”后，系统会在2分钟内随机抽取一套房源并锁定，申请人点击“确定”后选房结束，同时申请人会收到选房成功的短信。线上选房使选房效率从3天缩短到“即点即选”。房源分配频率由原来的3个月分配1次，缩短为“月月有房分”。

2022年提出房源分配即空即配目标，并开发了相应的即空即配系统功能，系统通过精准识别房源状态以及轮候家庭房源报名情况，实现房源即时分配，最大程度提高房源分配效率。

（二）打造“三端”信息管理，保证房源精准分配

南宁市打造先进的住房保障信息管理系统，对全市公共租赁住房实行“三端”信息管理，确保公共租赁住房房源精准分配。

开端，就是将已建成可分配的公共租赁住房项目占地面积、建成时间、住房套数、保障房类型、户型面积、接收时间等情况精准录入管理系统，进行类别化、系统化、信息化管理，把好公共租赁住房房源的“进口关”。

中端，就是建立公共租赁住房房态图，精准识别公共租赁住房房源的状态。比如，要识别正在配租使用、维护维修、空置、准备下批次配租等保障房源状态信息，建立相应制度，保证房源信息实时更新、明确房源的维护维修期限等，目的就是要降低空置率，缩短空置时间，从而提高保障房源周转率和使用率。

末端，就是建立公共租赁住房房源预警系统，在系统中通过不同颜色进行警示，及时掌握需要腾退的保障房源信息，全程掌握租赁合同到期、保障资格被取消、违规使用等须腾退的情况，以便及时组织力量收房验房，并尽快将腾退的房源列入分配系统。

六、创新退出机制，破解房源管理进退有序难题

（一）实行保障对象不动产登记限制制度，实现退出有序

南宁市住房保障管理部门与南宁市不动产登记部门建立联动机制，实施全市不动产信息共享，对住房保障对象实行不动产登记限制。在与不动

产登记部门实施信息共享过程中，住房保障管理部门建立公共租赁住房保障对象不动产登记限制名单，由不动产登记部门协助监管公共租赁住房保障对象不动产办理情况。有意向购买其他住房改善居住条件的保障家庭，需要先到住房保障管理部门办理公共租赁住房退出手续，不动产登记部门凭退房手续再给予办理不动产登记，形成"买房先退保"的机制，保证公共租赁住房精准保障，促进公共租赁住房管理的良性循环。

（二）创新收房模式，实现腾退有序

对全国各地公共租赁住房保障管理部门普遍反映的"收房难"问题，南宁市进行大量的摸索和实践，每年联合公安、城管、社区等部门开展公共租赁住房违规违约大清理行动。在多次的集中大清理行动中，最终创新了简易收房程序，对于违规违约使用公共租赁住房或不符合公共租赁住房保障条件的家庭，公共租赁住房管理部门向承租人发出《关于解除租赁合同的通知》，启动劝退腾空程序。进行劝退腾空后仍未腾退的，启动简易收房程序，即公共租赁住房运营公司向其发出《关于限期腾空房屋的通知》，并于期限届满后依法对房屋进行腾空收回，从张贴限期腾空通知到简易腾空收房，正常情况下15天即可完成。执行简易腾空收房确有困难的，由运营公司委托律师事务所对违规违约承租人发出律师催告函并提起法律诉讼。收房过程全程录像取证避免后续争议。简易收房程序对公共租赁住房违规违约行为的查处起到良好的效果，极大地缩短了查处的时间，节省人力物力，提高收房效率，有效解决公共租赁住房腾退难题。

（三）建立房源互换平台，实现换房有序

随着公共租赁住房保障对象的急速增加，保障对象因就近工作、子女上学、照顾老人或病人等情况提出换房的需求越来越多，2016年南宁市住房保障管理部门在官方政务网建立公共租赁住房互换平台，供保障对象发布换房需求信息。当换房双方达成共识，经住房保障管理部门审核，便可

重新签订合同，极大地满足保障对象的工作流动、生活便利的实际需要。2022年，南宁市住房保障管理部门创建了"邕有家"App网络平台，设立有公共租赁住房互换程序，为保障家庭发布换房需求增加渠道。

（四）加大违规行为查处力度，实现管理有序

2022年，为规范公共租赁住房运营行为，提升保障家庭居住质量，南宁市住房保障管理部门制定了公共租赁住房运营工作考核制度，对公共租赁住房各项运营工作制定量化指标，进行量化考核。将公共租赁住房违规违约行为查处工作纳入了考核范围，督促运营公司加大对公共租赁住房的改变用途、出借出租、空置闲置等违规违约行为的查处力度，让违规违约行为查处工作形成常态化，增强公共租赁住房保障对象"不符即退出、不退即查处"的保障意识，确保了公共租赁住房退出机制的有序和长效实施。

第四节　公租房"南宁经验"对本地区发展的贡献

一、提升了"壮美广西"的影响力

2021年9月18日，中央电视台《新闻联播》报道了李克强总理到南宁市仙葫苑公共租赁住房小区视察的新闻，并对南宁市公共租赁住房建设管理模式的肯定性讲话做了详细报道。随后，《人民日报》、新华社、中国政府网、《光明日报》、《经济日报》等国家级媒体先后报道了《李克强在广西考察时强调：解放思想 推进改革开放 培育壮大市场实体 扎实改善民生》新闻，充分肯定了南宁市公共租赁住房建设管理模式。

2021年10月14日，广西新闻网报道《广西坚持"三个结合"提升公

租房保障水平》，指出南宁市在公共租赁住房建设中注重扩规模与提质量相结合，在公共租赁住房保障中注重广覆盖与抓重点相结合，在公共租赁住房管理中注重人性化与数字化相结合。各级媒体对南宁公共租赁住房建设管理经验的宣传报道，引起了较大的社会关注，社会各界反响强烈，扩大了“壮美广西”在全国的影响力。

自2021年9月份以来，区内外省市兄弟单位陆续来到南宁市考察学习公共租赁住房建设管理经验。

二、为广西发展住房保障提供指引

2021年12月，广西壮族自治区人民政府办公厅印发了《关于进一步加强公租房和保障性租赁住房工作完善住房保障体系的意见》(桂政办发〔2021〕127号)，其中明确规定：“鼓励各地发展30平方米左右的小户型公租房，符合面积小、功能全、配套齐的要求，满足租户基本居住需要，让更多困难群众获得兜底保障”，充分说明南宁市公共租赁住房建设管理模式为广西住房保障发展提供经验指引。

2022年3月，中共广西壮族自治区委员会办公厅印发《工作情况交流》第1期《南宁市聚焦民生多举措扎实推进公租房建设持续提升困难群众获得感幸福感安全感》，指出“近年来，南宁市坚持以人民为中心的发展思想，聚焦解决困难群众住房保障问题，在规划设计、资金保障、项目建设、运营管理等方面持续发力，积极打造具有全国全区先进水平的公租房建设管理新模式，努力将改革发展成果更多更公平惠及人民群众”，把南宁市公共租赁住房建房管理模式作为典型经验向全区进行交流推广。

三、最大程度推动首府社会稳定和经济发展

一是充分发挥了经济社会发展的“稳定器”作用。南宁市坚持保民生、兜底线，扎实推进公共租赁住房保障工作，截至2022年6月，南宁市区已建成公共租赁住房5.9万套，累计发放货币补贴6万多户，补贴金额3.9亿元，为全市近15万困难群众改善了住房条件。同时，南宁市公共租赁住房平均租金标准为8.2元/（月·平方米），约为同地段市场租金的30%~40%［市场租金约24元/（月·平方米）］，为社会提供了大量的低租金房源，有效平抑了市场租赁住房租金上涨的势头，给予有购房需求的外来务工人员等群体平稳的过渡期，充分发挥了住房保障在经济社会发展中的“稳定器”作用，最大程度保障了社会的和谐稳定。

二是有效拉动了首府经济发展。南宁市在开展住房保障工作中全力争取中央资金，截至2021年底全市住房保障共争取到中央资金65亿元，撬动了数百亿元投资支持各类住房保障项目建设，有效带动了其他经济的快速发展。同时，全力做好人才住房保障，向约1万户新就业大中专毕业生家庭提供公共租赁住房保障，为首府经济发展提供了人才保障；全力做好产业经济的住房保障，先后为南南铝、富士康、合众新能源汽车等414家重点企业职工提供8000多套公共租赁住房，有效解决产业经济的住房保障问题。

三是广受群众好评。李克强总理视察南宁市仙葫苑公共租赁住房小区时和国家调研组到南宁市调研时，先后组织入户调研和租户座谈，租户代表纷纷表示对南宁市公共租赁住房的管理和服务非常满意，对党和政府充满感恩，感谢党和政府帮助他们改善了居住条件，实现租得起、住得好。有低保群众表示，公共租赁住房每月房租仅80多元，相比原来租住的农民自建房每月400多元，负担轻了，环境好了；有从黑龙江到南宁从事环卫工作的住户表示，赶上了国家的好政策，住上了公共租赁住房，孩子在

附近上学，在南宁有了家的感觉；有刚就业的大学生表示，自己刚步入社会就有了这么好的一个住所，感到很幸福，要努力工作然后自己买房住上更大的房子。2020年，南宁市住房和城乡建设局开展南宁市公共租赁住房满意度调查，公共租赁住房保障对象对公共租赁住房各项政策的实施和公共租赁住房小区的管理满意度达95%。2022年，南宁市公共租赁住房租金收缴率达97%，公共租赁住房小区物业费收缴率达95%。这些数据都充分反映了南宁市公共租赁住房建设管理得到群众的认可。

第五章

南宁市困难群众和特殊群体对住房保障的期盼

第一节　住房保障需要破解的主要难题

经过多年的探索和实践，南宁市在住房保障的建设供应模式、政策制度模式、管理和服务模式走出了一条符合自身实际的发展新路，取得了良好的社会效应。但随着社会经济技术的发展，群众的需求日趋多元化和个性化，南宁市住房保障工作也存在一些需要解决的深层次问题。

一、部分政策内容难以满足现实发展需求

一是部分政策稳定性不足，不仅变动频率高且内容变化较大。当前，南宁市住房保障各种管理制度最高层级只是市人民政府规章，更多是政府或部门规范性文件，在管理设计上表现出刚性和稳定性不足的问题。虽然有部分原因是国家宏观政策的调整，但也存在对实际情况把握不够精准或者执行上级文件精神不够严格的情况，如2009年9月1日施行的《南宁市经济适用住房管理办法》(南府［2009］70号）还规定套型面积控制在60~80平方米，而国家在2007年就有文件要求控制在60平方米左右。

二是各类保障住房的相关政策有待进一步理顺。如在资格申请及资格取消方面，限价普通商品住房是有项目房源才接受资格申请，资格有效期为1年，经济适用住房、公共租赁住房的资格有效期分别是2年和3年，且各类型保障住房的资格相互之间不能转化各自独立，缺乏必要的衔接与平衡。又如保障住房申请和分配方式也不相同，公共租赁住房是敞开接受申请，符合条件就获得资格，获得资格后就可以轮候，房源分配上按照资格书顺序号排序选房；限价普通商品住房则是有项目时才接受资格申请，分配时则通过摇号确定顺序；经济适用住房则是综合这两种做法，2019年

4月1日前是按照公共租赁住房做法日常性接受申请，并按照资格号顺序选房，2019年4月1日后，参照限价普通商品住房方式，有项目推出时才接受申请资格和选房。保障性租赁住房与公共租赁住房的保障对象也没有厘清界定，目前两者均对外来务工人员和新就业大中专毕业生开展保障，政策区别不明显，出现公共租赁住房轮候量大而保障性租赁住房入住少等问题。

三是保障住房相关惩戒制度仍然缺失。目前，南宁市尚未建立信用惩戒联合机制，对骗购、骗租保障性住房行为，仅是限制5年内不能再申请，违法行为成本明显过低，威慑性不强；保障性租赁住房运营管理规定尚未出台；对平台运营公司的服务评价及考核制度、住房保障分析研究制度也没有建立等等。

二、资格审核精准度和时效性有待提升

住房保障资格审核是一项十分复杂的技术性工作，审核内容十分繁杂，涉及的部门有十几个。它需要审查保障户是否拥有房产，是否享受过房改房、集资房、保障性住房（经济适用住房、公共租赁住房、限价普通商品住房）；是否属于低保低收、特困（孤老、重疾、残疾）等家庭（有优先权）；家庭收入与财产是否符合要求；家庭成员、婚姻、户籍等，这些信息都归属于不动产、房改、民政、公安、铁路、退役军人事务部、公积金、人社、工商等部门，有自治区级部门和市级部门，十分庞杂。由于没有上位法要求各部门联网审查，仅靠住房保障部门去推动信息共享，各部门的工作要求标准又千差万别，没有实现全部信息共享联动（如区直房改信息、集资房信息等），有的虽然有联动，但却是采取信息拷贝这样的联动，从而造成信息核实不够全面、不够及时等问题，影响了审核的精准度和实效性。

三、保障住房供给端结构性矛盾依然突出

一是区域性供需矛盾突出。人口密集度比较高的西乡塘区、兴宁区及产业集中度比较高的青秀区、江南区，各类保障住房需求比较大。2008—2016年，西乡塘区的保障家庭占全市保障家庭的比重最高，达到43.6%，兴宁区、青秀区的占比分别为20.8%、13.2%，而邕宁区和良庆区的占比偏低，仅为4.1%和1.7%。保障住房需求量大的区域，供需比往往会出现1∶2甚至1∶3的现象，形成区域性供应不足；而需求量小的区域则出现房多人少、供大于求的现象。

二是部分保障住房的房源及保障类型存在供需不匹配现象。如南宁市经济适用住房供大于求，房源相对过剩，而公共租赁住房轮候家庭过多，相对处于供应不足。公共租赁住房的实物配租方式供给难以满足现实需求，而货币补偿保障方式则是供大于求。以2021年为例，获得公共租赁住房资格的非低收入家庭有24855户，仅有2455户获得货币补贴，占比仅为10%左右，而轮候实物配租的却有27675户家庭。以一套单间公共租赁住房（户型面积为32平方米）为例，实物配租按照每月平均租金8.2元/平方米计算，每月租金为262.4元，这个租金仅是市场租金的34%，即按照市场租金计算，该户家庭每月可省下租金约509元；如果采取货币补贴，非低收入家庭补贴标准是7元/（人·月）乘以13平方米，单间配租保障是2人及以下家庭，以2人计算，该户家庭每月获得货币补贴为182元，要按照市场价格去承租同等地段同等面积房子，就要再支付500多元，明显不划算。这也是大家愿意轮候等实物配租也不愿意申请货币补贴的一个重要原因。

三是保障住房相关配套能力不足。随着居民需求的多样化和多层次，更多的保障家庭青睐那些具备智能化“管服”条件、卫生保健、文化设施、运动设施、幼儿托管、老人照料、长者食堂等设施的保障住房小区，他们

愿意花更多时间来轮候等待入住，而不愿意选择其他小区，从而形成新的供需矛盾。

第二节　困难群众和特殊群体对保障性住房的愿景

南宁市住房保障部门于2022年9—10月组织对南宁市本级城市困难群众和特殊群体开展住房保障情况的全面调查摸底工作并编制调查报告（见附录3），本次调查工作得到困难群众积极配合，采用入户调查、电话调查等形式调查了共17028户（27267人），在了解他们住房状况和居住需求的同时，还了解到他们对未来租住保障房、租赁补贴额度、适老化等方面继续提升的愿景。

困难群众和特殊群体对公共租赁住房工作总体满意的同时，他们也表达出了对美好生活的向往，希望适合他们的房源能保持充足，小区内多增加一些文化设施，让他们及时选到合适的房屋。

一、户型分布更优化、配租更灵活

调查显示，南宁市待分配的公共租赁住房总套数为1500套，新增有意愿申请公共租赁住房的困难群众和特殊群体208户，总体上已基本满足困难群众的住房保障需求，但西乡塘区和经开区的单间配套户型房源不足，见表5-2-1。困难群众和特殊群体希望能在租房意向多的城区修建更多的公共租赁住房，满足房源和户型需求；另一方面如短时间内房源未能满足需求，希望能入住意向城区的保障性租赁住房，并对保障性租赁住房租金进行对应补贴，使得保障性租赁住房与公共租赁住房租金在一个水平线上，减轻生活负担。

表5-2-1　南宁市新增有意愿申请公共租赁住房的困难群众和特殊群体户数与房源房套数情况表

单位：套

城区	户型	房源套数	需求套数	剩余套数
兴宁区	单间配套	74	26	48
	一房一厅	12	—	12
	二房一厅	4	—	4
	合计	90	26	64
江南区	单间配套	115	43	72
	一房一厅	14	—	14
	二房一厅	8	—	8
	合计	137	43	94
青秀区	单间配套	547	59	488
	一房一厅	182	—	182
	二房一厅	35	—	35
	合计	764	59	705
西乡塘区	单间配套	28	45	-17
	一房一厅	18	—	18
	二房一厅	1	—	1
	合计	47	45	2
邕宁区	单间配套	291	5	286
	一房一厅	13	—	13
	二房一厅	3	—	3
	合计	307	5	302
良庆区	单间配套	29	14	15
	一房一厅	31	—	31
	二房一厅	10	—	10
	合计	70	14	56

续表

城区	户型	房源套数	需求套数	剩余套数
高新区	单间配套	36	14	22
	一房一厅	20	—	20
	二房一厅	6	—	6
	合计	62	14	48
经开区	单间配套	0	2	-2
	一房一厅	8	—	8
	二房一厅	15	—	15
	合计	23	2	21
总计		1500	208	1292

二、文化设施更齐全

调查报告显示，截至2022年10月，南宁市公共租赁租房小区中青秀区凤岭北苑、高新区北湖苑2个小区设有图书馆等文化设施，困难群众和特殊群体对这类设施非常满意。但其余已投入使用的公共租赁住房小区文化设施还存在不足，大部分困难群众受教育程度均较低（表5-2-2），结合自身经历，他们认识到文化知识的重要性，所以迫切希望政府在公共租赁住房小区多增加一些文化设施用于营造小区的学习氛围，让他们的下一代在学习文化氛围浓厚的环境中长大，可以培养孩子们的学习兴趣，提高学习成绩，而不是需要到社会上寻求高价的补习资源。

表5-2-2　南宁市困难群众和特殊群体受教育情况

受教育情况	占比（%）
初等及以下教育	63
中等教育	25
高等及以上教育	12

第三节　困难群众和特殊群体对货币补贴的愿景

为进一步了解南宁市正在享受和有意愿申请公共租赁住房货币补贴的低收入特困家庭的住房现状，倾听群众的意见，调查人员专门对3460户领取货币补贴和意向申请货币补贴的家庭开展了调查。

在调查中，一些家庭表示，现在每月领取的货币补贴虽然可以基本解决他们的住房困难，但是因为家里有正在读书的小孩，想在孩子就读学校周边租房子，无奈这类学区房的租金普遍偏高，像自己这种低收入家庭根本承受不起，希望政府能适当增加一点补贴发额度，解决他们的实际困难。也有一些患有精神类疾病或身体残障的群众反映，自己由于身体原因日常看病买药开销较大，希望政府能调高领取补贴的金额，这样他们就能减少需自己支出的那部分，手头宽裕一点。另外，还有部分靠打零工维生的群众也反映，他们的工作地点很多都在人流量较大的市中心附近，而现在领取的补贴较难在市中心租到住房，导致住的地方离上班的地方很远，平时极不方便，很想租住离自己上班地点较近的地方，所以很希望政府能把货币补贴的发放额度提高一些，让他们可以承租离自己上班地点较近的房子，平时上下班不用这么奔波。

综上，这些正在已享受货币补贴和想申请货币补贴的困难群众和特殊群体都希望政府能适当提高货币补贴的发放额度，让他们在生活上和租房时有更大的选择面，可以选择更适合自己实际工作和生活的住房，从而提高全家人的生活质量。

第四节　困难群众和特殊群体对适老化改造的愿景

根据调查，困难群众和特殊群体老龄化程度较高，其中60周岁以上老年人占比为28.5%，51~60周岁即将迈入老年阶段困难群众人员占比为15.8%，总占比44.3%，见表5-4-1。这部分群众反映自己年龄越来越大，住的是步梯房，出入不方便，同时一些群众反映，平时自己要上班，父母年纪大了，把他们留在家无人照料，万一跌倒怎么办，老人煮饭经常忘记关火，很不放心，希望能增加些适老设施。

表5-4-1　南宁市困难群众和特殊群体年龄分布表

序号	年龄段	总人数（人）	人数比例（%）
1	0~18周岁	4946	18.1
2	19~30周岁	2886	10.6
3	31~40周岁	2643	9.7
4	41~50周岁	4721	17.3
5	51~60周岁	4306	15.8
6	61~70周岁	4566	16.7
7	71~80周岁	2148	7.9
8	80周岁以上	1051	3.9
总计		27267	100

一、步楼房增设电梯

开发建设较早的公共租赁住房小区包括金桥苑、澳华花园、凤岭北苑、梧桐苑、桃花源小区、友谊苑、龙翔苑、蒲新苑8个小区，这8个小区内住宅为步梯房，共5599套，在公共租赁住房中占比约10%。小区内老年人通过步梯上下楼存在困难，出行不便。老年租户希望能增设电梯，以方便其日常出行。

二、配套长者食堂和日间照料中心

老年租户由于年事已高，行动反应能力变慢、记忆力下降，做饭时常会出现忘记关燃气灶、关燃气阀等情况，存在安全隐患。自己做饭还要出门购买食材，对于腿脚不便的老年人是一个不小的负担，做饭工序繁多，饭后还要清洗餐具，不方便。由于做饭不方便，一些老年租户选择做一顿吃几顿，这种就餐方式不健康。老年租户希望小区能配套长者食堂，解决他们吃饭问题。

除了“吃饭难”问题，部分老年租户还反映，日常生活待在家里比较枯燥，子女不在身边缺少聊天和倾诉的对象，时常心情烦闷。他们希望设立日间照料中心，为他们提供一个就餐、休闲娱乐、交友的场所，方便他们结识到兴趣相投的朋友，大家相互倾诉、一起娱乐、增添友谊，丰富老年生活。

第五节　困难群众和特殊群体对住房保障便捷性的愿景

根据调查，困难群众和特殊群体对南宁市住房保障业务办理的便捷性以及提升公租房小区住房配套设施的可达性方面还有更高的期望。

一、优化业务办理便捷性

现在南宁市大部分保障性住房业务都已实现网上办理，困难群众只需通过手机在“邕有家”微信公众号或App“刷脸”实名注册认证，再拍照上传申请所需的身份证件等材料就可以办理业务，非常方便。

与此同时，群众也对业务办理的便捷性上提出了更高的要求，如在低收入家庭申请公租房保障A类审核时，因为民政部门核对收入的需要，要求申请家庭中的成年人必须到现场提供纸质授权书和申请书，否则就无法开展收入核对工作。根据调查显示，南宁市本级困难群众和特殊群体中人口老龄化现象严重（50岁以上的人口占比约为44.3%），其中身体健康状况较差的人口占比为41%。以2021年为例，当年公租房A类业务办理有约3220宗，群众迫切希望能网上办理申请核对家庭的收入和财产情况，全部实现“足不出户”办业务。

二、提升配套设施可达性

困难群众和特殊群体申请公共租赁住房小区时，配套设施的全面性和可达性是选择小区的重要指标。根据调查报告中南宁市公共租赁住房周边配套设施的可达性分析结果，商业服务、医疗、教育、交通、休闲、综合管理服务等6大类设施实现全覆盖，并且能与住宅同步设计、同步建设、同步竣工，同步交付。从设施覆盖情况来看，菜市场、医疗服务中心、初中、幼儿园、公交地铁站、小区室外活动场地、物业管理、公共厕所、生活垃圾分类收集点、邮政设施等10类设施覆盖率均达到100%，银行、小学、社区服务中心距离在1千米以内达到96.8%，剩余3.2%的银行、小学、社区服务中心距离为1.5千米以内。

为追求更加便利和舒适的居住环境，困难群众和特殊群体希望公共租赁住房小区距离银行、医院、小学、初中、地铁站、社区服务中心在1千米以内，并希望将超市、幼儿园、室外活动场所、物业管理、公共厕所、生活垃圾分类收集点、邮政设施设置在公共租赁住房小区内。

第六章

新时代多层次住房保障体系创新发展的对策建议

住房是民生之要，党的二十大报告从“增进民生福祉，提高人民生活品质”的角度，提出“坚持房子是用来住的、不是用来炒的定位，加快建立多主体供给、多渠道保障、租购并举的住房制度”(简称“两多一并”)。加强预期引导，以构建“两多一并”的住房制度为主要方向，探索新的发展模式，坚持租购并举，加快发展长租房市场，推进保障性住房建设，加快完善住房保障相关制度，加大保障性住房源供给、扩大保障面，努力开创新时代南宁市住房保障工作新局面。

第一节　加快完善住房保障政策体系

住房保障供应体系应充分考虑成本与收益等因素，预测住房保障需求，优化多元化的保障性住房结构，多方式、多渠道地满足居民家庭住房需求，推动保障性住房制度体系更加科学、清晰、稳定。

一、制定保障性住房中长期建设规划

过去住房保障任务是国家基于各地经济实力的统筹安排，由中央逐级下达建设任务指标，各地政府根据当地经济综合实力情况分解辖区内保障性住房建设任务。然而，这方法未考虑居民的住房需求，易导致住房供给的区位错配。

住房保障是社会保障体系最重要的组成部分之一，政府的基本职责就是构建和不断完善住房保障制度，因此南宁市人民政府应在住房保障制度中持续发挥主导作用，立足实际，根据新型城镇化发展规律和人口变化趋势，制定保障性住房五年甚至十年发展规划。

同时，充分评估南宁市居民住房保障的现实需求和潜在需求，结合政

府财政实力等客观因素，在住房保障框架体系基础上，制定住房保障的短期、中期和长期的发展规划，明确不同阶段的住房保障要求，及时跟进各个项目的进度，加强项目落实的监督管理。充分发挥社会监督的作用，将住房保障目标落实情况向全社会公布。

此外，虽然当前政策层面已允许将闲置商办物业改为保障性住房，但涉及规划、消防等问题，实际改造过程仍然面临着较多难点，仍需分类制定更加具体的操作细则，确保改造过程有标准可依，进一步降低改造成本和不确定性。

参照外地一些城市做法，逐步加大保障性住房在全市住房供应结构中的比例（可以考虑达到20%~30%），继续明确住房保障覆盖目标（如到2025年，建议全市住房保障面达到城市常住人口的21%以上，市辖区住房保障面达到23%以上）。

二、优化保障性住房定价机制

由于廉租住房已经与公共租赁住房并轨，限价普通商品住房停止供应，经济适用住房逐步退出历史舞台，保障性住房定价优化将聚焦在公共租赁住房和保障性租赁住房。

首先，明确保障性住房保障对象，这两类保障性住房主要保障的是中低收入群体，其中，公共租赁住房主要是针对城市户籍住房、收入困难家庭等群体，住房产品主要起托底作用；保障性租赁住房主要针对新市民、青年人等群体临时解困需求，主要为其提供租金低于同地段同品质市场租赁住房、建筑面积不超过70平方米的小户型租赁住房。

其次，合理优化定价机制，定价机制建议综合考虑承租者的可支付能力和建设运营部门的资金流可持续能力，根据不同的保障对象选择不同的收入定价模式，同时，发挥市场价格在资源配置中的基础性调节作用，以市场价格为指导，对不同条件的租赁型保障房采用“差异化的收入 + 市场定价”模式，实现不同的收入群体承担不同的价格。针对收入困难家庭等收入最低的保障对象，采用社会收支平衡模式，定较低的价格；针对新市民、青年人等中低收入的保障对象，采用事业收支平衡模式，定次低价格；针对引进的人才等收入较高的保障对象，采用项目收支平衡模式，定较高的价格。实现不同的收入群体承担不同的价格，避免同一定价造成的不同收入水平保障对象间实质的不公平。

最后，建立租金动态调节机制和优惠减免机制，根据市场供求规律和物价水平，定期调整租金水平；及时对遭遇特殊困难的保障对象进行租金减免优惠。

三、增强保障性住房的适配性

（一）持续推进住房需求摸底调查工作常态化

及时掌握困难群众及特殊群体住房现状、需求及保障情况是实施住房保障兜底工作的基础，是监测住房保障效果、适度超前谋划建设的重要抓手。住房保障的一个重要工作原则是对低收入住房困难群体应保尽保，就是对低保、低收、低保边缘、“三孤”等特殊群体的住房困难问题进行保障。

随着国民经济社会发展，以及国家、广西相关政策导向的调整，困难群众及特殊群体的数量、结构、生活状态、需求等形势随之发生变化，因此，建议构建常态化、精细化的调查工作机制，根据实际需要开展定期、针对性强的调查分析，确保持续跟踪、了解当下南宁市本级困难群众及特殊群体的住房保障现状、需求增量的“底数”，不断拓宽调查覆盖面、不断创新调查方法，切实推动住房保障工作再上新台阶。

此外，建议主动保障应保障群体，对城市非低收入、外来务工、新就业大中专毕业生进行适度住房保障，调查摸底这些群体数量，掌握“底数”和增量。由专门机构在一定期限内进行调查分析，提出年度或中长期住房保障计划建议，管理部门根据调查分析情况进行合理安排或完善管理。同时，每隔一定年限应该组织力量开展住房保障工作的评估，主要评估保障覆盖面、保障重点、保障效率、保障精准、存在问题、意见建议等，加快解决保障性住房供需的结构性矛盾，为进一步提高和完善业务管理提供依据。

（二）优化住房供给结构

结合南宁市公共租赁住房保障资格申请量增速过快、公共租赁住房供给相对不足，公共租赁住房轮候压力大等实际情况，落实“两多一并”住房发展新制度，增加租赁型保障性住房的供应，大力推动住房租赁市场发展，完善“购＋租”“市场＋保障”的住房体系，转变保障性住房供应类型结构，建立以公共租赁住房、保障性租赁住房为主体的住房保障体系。同时，增加共有产权住房供给，满足首次置业的“夹心层”的住房需求。最终形成相互衔接的、覆盖不同收入群体的保障性住房供应体系，以及市场和保障并举的租赁住房供应体系。

1. 租赁型保障住房

一是建议大力发展租赁型保障住房，重点扩大小户型保障性租赁住房供给，发展可长期租赁的住房，提高租赁型保障住房品质；继续抓好公共租赁住房在建项目的跟踪推进，加大项目服务协调力度，督促企业加快工程建设进度。

二是持续筹集保障性租赁住房储备库项目，如出现部分保障性住房项目工程进展缓慢，或个别保障性租赁住房项目由于资金问题，出现停工、退出保障性租赁住房项目库的情况，及时启动储备库项目，确保“十四五”保障性租赁住房建设任务如期推进。

三是进一步优化公共租赁住房轮候与配租规则，加大对南宁市本级城市困难群众和特殊群体的精准保障力度。在摸清实物配租区位偏好、户型意向和家庭人口结构的基础上，科学合理设定各公共租赁住房小区中定向配租的公共租赁住房数量和户型比例，进一步完善公共租赁住房调换政策，困难群众和特殊群体因家庭人口增加、就业、子女入学等原因产生需求的，应开设绿色通道，给予及时调换。

四是完善保障性租赁住房运营管理工作机制，推动保障性租赁住房项目认定及运营管理等政策的出台，为开展保障性租赁住房工作提供政策指引和制度保障。

五是尽快改变保障性住房现状，通过政府提供政策的引导和支持，通过多方投资和多渠道引导保障性住房建设，包括集体土地的使用，企事业单位自有闲置土地建设，园区配套用地的建设，非住宅住房存量的改造，通过多种方式来增加保障住房供给。

六是加快培育专业化、标准化、规模化、规范化的住房租赁企业，线上线下同步打造住房租赁管理服务平台，建立长租房市场秩序，推进住房租赁市场规范发展，完善长租房的相关政策，持续完善租赁行业的法规与政策体系，多措并举推动租赁关系、经营方式等监管制度规范化，构建长效的租赁供给关系，推动租赁从被动到主动转变，使之成为住房保障的有益补充。

“十四五”期间，完成新增公共租赁住房0.97万套（间），新增保障性租赁住房8万套（间）的目标。预计到2025年，建成公共租赁住房9700套，新增货币化受益家庭不低于4万户或10万人次，多渠道筹建保障性租赁住房8万套（间）。

2. 销售型保障住房

一是积极探索并择机实施共有产权住房政策，通过政府和居民按产权比例共同承担一切方式，降低住房售价，提高居民购房热情，解决中等及中下收入住房困难家庭的刚性住房需求。打通存量商品住房与保障性住房的联通渠道，探索从市属国有企业自持商品住房入手，按照共有产权比例转为共有产权房，实现“去库存”和健全住房保障体系的双赢目的。

二是继续抓好在建经济适用住房续建项目的跟踪推进，建议南宁市住房保障部门全力推动项目建设，根据《南宁市保障房项目现场进度核查制度》，定期到项目现场核查建设进度，并向上级部门汇报项目建设情况，为项目建设保驾护航。

三是建议尽快解决经济适用住房遗留问题，主动谋划剩余经济适用住房房源处置方案，帮助经济适用住房开发商回笼资金，实现保市场主体，稳经济增长。结合考虑南宁市目前已无新建经济适用住房计划，为避免产生新的轮候家庭，在原有轮候家庭准购资格不取消的情况下，采取“限时限量”方式面向全市重新开放经济适用住房准购资格申请，并向已取得准购资格的家庭销售剩余经济适用住房房源。“限时”即仅开放一个时间段受理经济适用住房准购资格申请，新申请家庭在受理时需确定报名一个项目及户型；已取得准购资格的轮候家庭在“限时”申请期间需报名一个项目及户型。“限量”即以项目剩余的各类户型房源数量为限，报名家庭数量（含原有轮候家庭）达到项目剩余的各类户型房源数量时停止受理该户型的资格申请或轮候家庭的报名。

（三）扩大住房保障覆盖面

坚持实物保障与租赁补贴并举，持续做好城市住房困难家庭的保障工作。

一是适时提高公共租赁住房实物配租准入标准。通过增加或设置现有住房面积、人均可支配收入、户籍或社保缴纳年限等条件，适度提高公共租赁住房准入标准。

二是大力发展保障性租赁住房。利用集体经营性建设用地、企事业单位自有闲置土地、产业园区配套用地和存量闲置房屋，以及新供应国有建设用地，建设一批面向无房新市民、青年人群体的住房。

三是坚持多元化保障与定向保障相结合。通过单位集中申请，定向配租等方式，重点保障环卫、公交、城管、协警等公共服务行业人员以及南宁市重点发展产业符合条件的青年职工和外来务工人员的住房困难问题。

第二节　创新住房保障管理机制

住房保障管理制度的不规范运行容易导致住房保障资源的不合理配置，难以实现“居者有其屋”。因此，建议完善准入、退出、运营管理机制，动态管理保障性住房的申请、审核、轮候、配租、退出、管理等环节，努力实现社会公平正义。

一、优化准入机制与审核流程

以家庭收入、住房等财产情况作为保障性住房准入的重要标准，努力构建完善的准入机制，加强准入的审核管理，严把“入口”关，确保需要住房且住房困难者住得进，机会主义者进不来，让惠民政策发挥实际效用。

（一）制定严格的住房保障准入标准

加快公共租赁住房准入政策调整，推动新的《南宁市非城市低收入家庭和个人申请公共租赁住房保障资格审核实施细则》出台，重点保障本市城镇低收入住房困难家庭，通过增加或设置现有住房面积、人均可支配收入、户籍或社保缴纳年限等条件，适度提高公共租赁住房保障标准，减轻公共租赁住房轮候压力。南宁市应根据本地经济社会发展实际，科学确定住房保障房申请者的收入和财产的准入标准，合理制定申报程序、设立申报条件等相关规范文件，重点对住房状况、财产状况和其他资产状况等重点指标进行量化。适当调整公共租赁住房的申请门槛，引导公共租赁住房资源向困难群众和特殊群体倾斜，为困难群众释放更多兜底资源，精准保障到每一类实际需要居民。

（二）加强保障性住房申请人的准入审核

建立严格的、动态的、跨部门的资产和收入审核机制和调查分析制度，加快建立多部门联网审查机制，推动信息实时共享。建立简洁且多元化的筛选标准，了解申请家庭的人口结构和财产现状等信息，并联合住房、自然资源、市场监管、公安、民政、社保、税务等部门，建立保障性住房的社区信息资源平台，使家庭收入、住房情况等分属不同部门的信息实现互通共享，建立居民经济状况综合评估体系。全面掌握申请家庭的储蓄、股市、纳税、房产、公积金缴纳、购车等家庭财产信息，提供综合评估报告。同时，动态跟踪保障对象的经济信息，进行准确识别，确保审核资料的真实性。

（三）规范审核程序并提升审核流程透明度

对具体程序进行严格规定，包括从受理、初审、复审到住房分配的整个轮候过程。借鉴新加坡等国的做法，在初审阶段申请保障性住房材料时，申请人在提交申请表时应申报家庭资产等基本信息；在复审阶段，申请人必须授权住房保障审查部门从掌握申请人信息并可以进行核对的政府或其他机构获取信息，并授权将相关信息提供给住房保障部门。在保护申请人隐私的情况下，应当定期公布本辖区的住房保障申请和审核情况，推动住房保障申请和资格动态化审核。

二、建立严格的退出机制

必须严格落实退出管理，严控“出口”关，建立完备的退出机制，使非住房困难户清得出，确保不符合保障条件的住户及时清退，禁止其享受保障性住房政策，提高社会二次分配的公平性。

（一）建立动态退出机制

建立科学、合理、系统、常态化的保障性住房退出工作机制。

一是对外来务工人员、新就业毕业生应设定一定的保障期限，保障期限满就应该腾退房源，以便保障更多的轮候家庭，体现公平性，也利于激励青年通过奋斗改善自己的居住条件。

二是建立资格审核的回溯和跟踪制度，严格落实住房保障管理过程的动态化监控，在保障性住房分配入住一段时间后，跟踪入住家庭的收入情况，做好年度复核工作。

三是在审核家庭收入的基础上，完善定期审核资产的长效机制。采取多样化的手段，通过综合信息平台查询和实地调查等方式掌握享受保障住户的收入、资产等方面情况，掌握其变化情况，如果家庭收入在短时间内急剧增加，应重新审核其资格，以确定是否继续为其提供住房保障，对不符合住房保障条件的住户坚决予以清退。

四是建立公平透明的退出机制，探索推行房租、物业、水电气等缴费方式一卡通，扩大信息采集来源，整合形成全面的信息跟踪报告。

（二）合理确定清退方式

根据实际情况采用分类清退的办法。采取短信通知的方式，鼓励不符合公共租赁住房、保障性租赁住房保障标准的家庭主动退出。不主动退出的家庭，通过张贴限期腾空告知书、上门做工作等方式，坚决予以清退。特殊情况确实难以退出的，应当履行严格的审批程序，给予适当延长租赁期限，并在延长期限内按照同类市场价格标准收取租金，做到人性化退出。

（三）加大清退力度

加强和完善违规惩罚机制，严惩违法违规行为，加大清退力度。

一是根据年度审核结果，及时启动退出机制，向社区公示退出家庭名单，逐个发布退出通知书，并采取法院执行等措施进行淘汰。保障住房承租权利不能自动继承。保障家庭户主和配偶死亡后，同住的家庭成年人员将接受全面的财务审查，如果满足保障要求，将获得新的租赁合同。

二是建立信用惩戒联合机制，倡导诚信管理，建立必要的信用监督和失信惩戒制度。对非法占有保障性住房的，结合个人征信系统予以惩戒，建立违法行为的常态受理机制，在申请审核中定期公示违法行为，确保社会公共资源的合理公平使用，让真正住房困难的家庭受益。

三、健全后续管理和服务机制

保障性住房后续管理服务作为一项新的综合改革工作，是全面深化改革的重要举措和方向。这是一项政策性强、涉及面广、任务艰巨的任务。因此，建议将保障性住房政府购买服务后续管理纳入政府购买服务指导目录，纳入预算管理，进行全额保障。

（一）建立住房流动和交换机制

对房源使用状态进行实时监控，在保障性住房之间、保障性住房和商品住房之间建立流动和交换机制，及时对收回的公共租赁住房进行再分配，减少住房空置时间，提高公共租赁住房利用率，以更快更便捷的方式保障更多人的福祉。

一是建立房屋交换平台，供承租人发布换房需求信息。双方达成共识，管理部门核查，即可达成换房意向，重新签订合同，满足保障对象工作流动性和生活便利性的实际需求。

二是完善保障性住房所有权和转让机制，建立“租赁型保障性住房—销售型保障性住房—商品住房”转换通道，合理确定保障对象和政府的权益，促进形成统一的住房市场体系。政府大量建设保障性住房将形成沉重的财政负担，建立融合保障性住房和商品住房市场的住房供应体系，促进形成以成本为导向、安居为导向的有序竞争的租赁住房市场，适当分担住房保障的压力。

（二）提升保障性住房运营管理和社区服务水平

加强保障性住房社区管理，完善政府主导、居民参与、物业服务相结合的社区治理体系，坚持运营管理服务与提高社区治理能力相结合，让住房保障对象住得进、住得稳、有尊严，持续增强人民群众的获得感、幸福感、安全感。

一是市级部门联动，建立党委领导、政府负责、社会配合、公众参与、法律保障的保障性住房后续管理模式，对保障性住房实行全生命周期监管。政府和运营机构各司其职、各展所长，将保障性住房打造成为南宁温暖的城市“名片”。整合住房和城乡建设、民政、人力资源和社会保障、教育、医疗卫生等社会管理职能和服务，实现各部门信息资源共享平台，完善服务和管理联动机制。

二是积极推进政府购买保障性住房运营管理服务，认真总结政府购买服务智能化试点的经验，合理确定购买内容，明晰服务标准，加强对运营管理单位的考核，实现保障性住房投、融、建、管的良性循环。

三是群策群力，有效引导低收入住房居民参与社区管理，充分发挥工会、共青团、妇联等服务性、公益性组织和民间组织的作用，开展对保障对象的生活关怀、精神关怀和困难救助等活动，展示人文关怀，如播放广场电影、组织义诊、举办消防知识讲座等，为保障住房后续管理开辟社区精神家园，形成正能量。完善保障性住房质量维修、信用管理以及租赁型保障房租金调整等制度，着力解决运营管理工作中的难点、堵点问题。

四是居民自治联动，强化属地管理，搭建社区管理平台，实现社区整体管理；激发居民自治活力，成立居民自治委员会和党小组，推选居民代表或楼栋负责人，建立联席会议制度，集体研究、讨论、协商解决社区管理中的各种问题，让居民真正成为社区管理的主人，实现好房子到好小区、到好社区的联动创建。

（三）创新人才住房服务方式

尽快调整高层次人才公寓分配方案，以高坡岭人才公寓为试点，将高坡岭人才公寓空置的高层次人才住房以整套拆分单间形式配租给来邕、留邕就业的本科及以上学历人才，整套住房面向共同申请人为2人及以上家庭出租；拆分的单间住房优先面向本市重点企业、医疗卫生系统等单身人员出租，提高人才房的分配入住率，从而扩大保障。

四、加快推进信息化建设

全面推动保障性住房管理便捷化建设，利用信息化手段，提升保障性住房的智慧化管理水平和分配管理效率。以规范管理为基础，以便捷高效为导向，推进现代信息技术与住房保障工作深度融合，全面提升住房保障工作信息化建设、应用和服务水平，促进住房保障工作高质量发展。

一是推进保障性住房智慧化管理提升，继续通过人脸识别、大数据分析、AR 增强等信息技术手段，实现智慧化的安防、出行、监管，为租户提供便捷、个性化服务。同时，探索推进智能门禁、指纹锁等科技手段的应用，加强对欠租、转租、空置等违规行为的动态监管。

二是推进保障性住房运营信息化建设，用信息化手段使保障性住房申请、审核、分配更加便捷、准确、高效。建立保障性住房资产电子卡片，实现资产信息化管理。继续推进南宁市公共租赁住房低收入家庭资格申请等5项业务线上申请、审核，力争实现保障性住房25项业务100%网上申请、网上审核的目标。建立房源和保障对象一房一档、一户一档的电子档案，实现保障性住房和保障对象动态管理。

三是进一步提高公共租赁住房分配效率，目前普通人才公寓已完成即空即配系统的开发测试工作，待上线使用。在此基础上，继续推动实现公共租赁住房即空即配，最大程度提高公共租赁住房分配效率，缓解轮候压力。将保障性住房入住分配、合同签订、租金收缴、补贴发放、住后管理、维修养护、房屋腾退等运营管理服务事项全部纳入信息化管理，明确运营管理单位职责权限，规范操作流程和执行结果反馈标准。在新公共租赁住房管理系统中，尽快完善实物配租模块功能，确保定期可以更新新批次房源上线，实现保障性住房运营管理规范高效。

四是推进保障性住房的管理信息化建设，推进信息化手段在动态管理上的深化应用，充分利用大数据比对技术，继续推动跨部门信息实时共享，积极协调自治区房改及保障部门，继续推动实现与自治区市场运作房、区直单位住房保障等信息数据的实时共享，加强对受益人家庭的房地产、收入和财产状况的动态核查，以确保更加准确地监督他们的保障资格。

五是保障信息安全，严格落实国家、自治区和南宁市网络安全的强制性标准，通过操作人员实名管理、分级设置权限、实行安全责任承诺制等措施，加强数据安全和个人信息保护，坚决防止保障对象等敏感信息泄露，确保信息管理系统安全稳定运行。

第三节　完善要素协调保障机制

住房保障管理体系包括建立系统完善的建设、审核、分配和管理体系，需要长期持续的土地供应机制和财政投入机制，以及平稳有序的投融资机制。

一、合理规划土地供应指标

土地是支撑住房制度改革的核心，建议充分发挥规划的作用，提前考虑社会各阶层的实际情况，根据城市发展需要合理安排保障性住房用地指标。

（一）增加公共租赁住房、保障性租赁住房用地供应

根据“十四五”住房发展专项规划，应确保市辖区在规划期内按不低于出让商品住房用地规划建筑面积的5%建设隶属保障范围的租赁型保障住房（公共租赁住房、保障性租赁住房）。

一是土地出让价格必须足够低，因住房租赁行业具有前期资金需求大、盈利周期长、资金周转慢等特征，以重资产的方式做租赁项目，其回报率不仅低于商业办公，且投资回收期也较长。因此，建议在初期，南宁市租赁型保障住房用地以底价成交，从而提高投资产者的租金回报率，促进租赁市场发展。随着租赁住房发展的逐步成熟，建议建立租赁住房地价评估体系，合理控制土地出让价格，保证租赁住房经营的可持续。

二是根据住房发展规划和新一轮城市总体规划要求，合理确定租赁住房建设规模和布局，将租赁住房用地供应纳入年度土地供应计划。启动良

庆区物流园区公租房项目、三塘镇松柏路东公租房项目、邕宁区滨江小区公租房项目、蓉茉大道西侧公租房项目等4个公租房储备地块建设项目。重点在高校及科研院所周边、科创园区、产业集聚区、商业商务集聚区，以及交通枢纽地区（含轨道交通站点周边）等租赁住房需求集中、交通便捷、生产生活便利的区域，安排一定规模地块作为人才专项租赁型保障住房用地，进一步促进职住平衡。

三是在土地招拍挂的过程中，建议政府兼顾租购并举，要求企业配建一定体量的租赁型保障住房。将新建租赁住房纳入居住小区，统一配足公共设施，建立完备、安全、便捷、高效、舒适的公共服务设施配套体系。

四是严格按照“只租不售”模式管理经营性租赁用地的开发，受让人应在出让年限内整体持有租赁住房物业并持续出租运营，有关房屋套型、功能及运营管理等全生命周期管理在出让合同明确。

五是探索利用集体经营性建设用地建设保障性租赁住房，允许将非居住存量房屋改建为保障性租赁住房，不变更土地使用性质，不补缴土地价款。积极利用低效非住宅用地、集体经营性用地、非住宅房屋建设保障性租赁住房，增加保障性租赁住房在新供给住房中的比例。鼓励国企利用闲置土地自建租赁性住房。

（二）销售型保障房的用地供给向中心城区靠拢

由于销售型保障住房买卖受到准入资格影响，购买群体相对不多，且保障性住房供给结构调整要求，未来销售型保障住房的建设将逐步减少，因此，建议南宁市将销售型保障住房的规划与建设同城市规划建设结合起来，在城市中心和交通便利的地区增加保障性住房的供应，以便不同阶层的居民能够混合居住。在交通便利的城市地区发展保障性住房，以提高低收入居民的工作效率，提高公共住房的互动性和开放性，避免社会分化。建议共有产权房建设用地纳入本市国有建设用地年度供应计划，其用地指标按不低于国有建设用地出让总量的一定比例单列，用地予以优先供应。优先安排在交通便利、公共服务设施和市政基础设施等配套较为齐全的区域，促进职住平衡、产城融合。

二、完善财政支持政策

南宁市的住房保障工作长期由公共部门负责，资金来源主要来自财政投入，社会资本供给不足导致政府压力过大，形成一定程度的单一化。建议给予社会资本税收优惠和财政补贴，使房地产开发商和其他组织愿意并积极投资保障住房建设，以增加保障性住房的市场供应。

（一）继续加大财税支持力度

加大财政投入力度，在积极争取上级补助、优先安排政府公共预算的基础上，继续增加政府资金投入。

一是落实从土地出让收益中安排资金用于政府补贴住房建设的政策，确保土地出让收益的一部分用于公共住房和政府补贴租赁住房建设。

二是规范住房公积金增值收益核算和分配，确保每年住房公积金增值收益扣除风险准备金和必要的管理费用后，全部用于公共和低收入租赁住房建设。

三是提高地方政府债券支持保障性住房建设的水平，进一步提高政府债券支持保障性住房的比重，积极申请专项债券建设租赁型保障性住房。

四是充分发挥住房公积金在支持保障性住房建设中的作用。住房公积金贷款具有来源稳定、风险可控的优势。充分利用住房公积金支持保障性住房政策，探索提高公积金贷款额度的途径，把公积金贷款投放范围扩大到租赁型保障房建设项目。

五是建立相关部门单位联审联批机制，通过项目认定书，落实保障性租赁住房的用地政策、税收优惠政策和民用水电气价格。

（二）提高货币补贴比例

坚持公共租赁住房实物配租和货币补贴并举，在不加大财政压力或在可承受范围内，适当提高住房保障货币补贴金额或公共租赁住房租金标准，尽量使两者处于支付相近的水平；加大保障力度，满足住房困难群众多样化的居住需求；告知公共租赁住房申请家庭实物配租轮候期长，房源紧张，引导其申请货币补贴，鼓励其办理租赁备案，提高货币补贴申请比例。加大货币补贴政策的宣传力度，同时兼顾实物配租与货币补贴并举的保障模式，利用货币补贴较强的高效率特征，给予困难群众保障更多的选择性，切实解决甄别难、监督难、管理难的问题，节约直接发放实物的行政成本，提高公共资金使用效率。线下可利用政务服务中心服务大厅、街道办事处、乡镇政府保障性住房受理点以及到社区等开展宣传并指导相关操作，线上可通过融媒体等大力推广货币补贴和租赁备案线上办理渠道，投放相关政策解读和操作流程等，多渠道方便民众了解。

三、建立多主体投融资体系

由于保障性住房的投入周期长、回款慢、盈利空间小，为了增强保障可持续性，必须完善政府政策支持，并进一步调动社会资金积极参与。

（一）融资渠道多元化

建立市场化融资平台，通过税费减免、财政贴息贷款、融资担保等方式吸引更多社会资金参与保障住房的建设。

一是创新融资模式，促进融资渠道多元化，鼓励企业进行投资，鼓励和引导社会资本参与保障房建设和运营，加快实现保障性住房投资、建设、管理、运营的市场化良性循环，提高政策发展的可持续性。发挥财政作用，鼓励金融机构支持、扩大和增加用于公共租赁住房建设和运营的中长期贷款。加强与银行业金融机构的对接，加大对保障性租赁住房建设运营的信贷支持力度。

二是规范金融市场秩序，发展相关金融产品，增加投资者的投资机会，增强投资者的信心和产品吸引力。支持银行业金融机构以市场化方式向政府补贴租赁型保障住房自持主体提供长期贷款，对存量住房改建或改造形成非自有租赁住房的住房租赁企业提供贷款，在实施房地产信贷管理时区别对待。

三是鼓励企业自建公共租赁住房。对企业投资的公共租赁住房，突破政策瓶颈。市、县政府设立专项奖励基金，引导和鼓励企业积极参与。采取政府回购、委托建设、BT、BOT 等建设模式，减轻政府财政压力和建设运营成本。

（二）建立债务偿还机制

随着保障性住房建设规模的逐年扩大，资金需求也不断增加，单靠财政投入显然不能满足需要。通过债务融资筹集保障性住房建设资金成为必然选择。因此，除筹集保障性住房建设资金，控制适当的债务额度外，还应建立保障性住房建设资金的偿债机制。

一是建立保障性住房偿债基金，通过年度预算安排、财政结余调剂、国有资产收益或资产转让等多种渠道筹集资金，用于偿还保障性住房建设债务。

二是盘活存量保障性住房，为建设低收入住房和偿还债务筹集资金。

第四节　推进住房保障高质量发展

一、推动保障性住房适老化、适儿化发展

顺应居民对美好环境的需要，在保障性住房小区建设公共活动场地和公共绿地，推进社区适老化、适儿化建设，营造全龄友好、安全健康的生活环境。

按照《城市居住区规划设计标准》(GB50180—2018)、《城市社区服务站建设标准》(建标167—2014)等标准规范要求，建议规划建设保障性住房综合服务设施、幼儿园、托儿所、老年服务站、社区卫生服务站。每百户居民拥有综合服务设施面积不低于30平方米，60%以上的建筑面积用于居民活动。鼓励在社区公园、闲置空地和楼群间布局简易的健身设施，开辟健身休闲运动场所。

督促协调城区(开发区)、公共租赁住房小区运营管理单位等部门持续推进第一批公共租赁住房小区提升试点工作，通过提高硬件设施，提供智能化“管服”以及便捷服务和个性化服务，全面完善公共租赁住房小区医疗卫生服务中心、长者食堂、幼儿托管、老人照料、文化设施、运动场地等配套设施，提升小区民生保障水平。以点带面，推进全市保障性住房小区全面提升。

二、推动保障性住房基础设施不断完善

适应居民日常生活需求，在保障性住房附近配建便利店、菜店、食堂、

邮件和快件寄递服务设施、理发店、洗衣店、药店、维修点、家政服务网点等便民商业服务设施。新建保障性住房要依托社区综合服务设施，集中布局、综合配建各类社区服务设施，为居民提供一站式服务。继续保持南宁市保障性住房全面执行绿色建筑标准政策，在绿色建筑中推广装配化建造方式，大力发展钢结构等装配式建筑，新建保障性住房建筑原则上采用钢混结构。此外，应按照绿色建筑的要求满足居住区的通风、日照、采光和防疫要求，按照南宁海绵城市的要求合理规划雨水径流，保持生态平衡。建议保障性住房配套规划公共绿地，绿地率大于或等于30%。推进保障性住房社区智能感知设施建设，提高社区治理数字化、智能化水平。

三、推动保障性住房标准化发展

借鉴区外先进经验，出台南宁市保障性住房建筑相关规程，从规划布局、配套设施、户型结构等方面规范保障性住房建设。重点提升公共租赁住房居住品质，贯彻落实有关保障性住房建筑设计规定和技术标准，加强新建保障性住房交付使用管理，确保公共租赁住房出租前完成基本装修、配置必要器具、具备入住条件；根据群众需求新特点，在新建公共租赁住房坚持以户型建筑面积30平方米左右单间配套为主体的前提下，适当增加户型建筑面积为40平方米左右的一房一厅户型比例，不断完善住房保障供应结构。

第五节　构建完善的住房保障监管体系

从各环节监管、全过程监管到征信体系建设三个方面，全面加强保障性住房监管体系建设，确保真正符合条件的住房困难家庭享受到住房福利。

一、严格执行各环节监控

保障性住房是民生工程也是民心工程，南宁市人民政府必须重点关注整个保障性住房的规范建设和可持续发展问题。建议加强保障性住房的监督检查，推动保障性住房建设目标全面实现。

一是积极推进内部监督管理建设。严格保证所有工作人员遵守规章制度、依法履行职责，加强对住房保障工作人员的考核。

二是设立专门的监督机构。逐步建立专业监督人员队伍，由纪检、监察、审计等专业监督人员参与，对管理过程进行全方位监督，确保监督工作扎实有效。努力消除所有审批程序中的灰色地带，并确保那些真正应该得到社会保障的人得到保障。

三是全面实施严格管理。按照保障性住房入住管理办法，定期对已分配入住的住户进行检查，及时纠正闲置、出租、出借、改变用途等违规使用行为。

四是建立申请人和审核人员的内外监督体系，使审核过程的重要环节得到有效监督。

五是完善社会监督机制，完善公示制度，增加公众参与度，扩大公众知情权，借助社会力量，接受社会各界的监督。做好信息公开工作，让公众真正参与到对保障性住房的监督中来，畅通相关投诉渠道，积极回应和及时处理公众的举报或投诉。

六是拓宽政策宣传渠道，为确保住房保障这一惠民政策深入人心，应线上线下同步加强政策宣传。线下在社区公告栏进行政策宣传，目的是通过员工访问、口头解释等渠道，向社会公示和介绍保障性住房申请条件、审查程序、政策答复、咨询热线、投诉、监督电话等。同时，继续在“爱南宁”App、“邕有家”微信公众号等新媒体平台进行宣传推广保障性住房相关政策，确保宣传到位、服务到位。

二、加强全过程监督管理

坚持以实现中低收入群体住房安全有保障为根本，针对租赁型保障住房、销售型保障住房和更新型保障住房的不同特征，健全全过程的动态监测机制。

一是开展建设管理，主要是针对租赁型保障住房和销售型保障住房。保障性住房施工期间，以精细化施工管理为导向，严格落实建设单位工程质量首要责任，创新监管流程、严保结构安全，深入开展住宅工程质量问题治理。开展工程质量通病专项治理，重点抓好公共租赁住房安全监管。

二是加强运营管理，主要是针对租赁型保障住房。在运营管理环节，通过运用大数据，建立网上巡查和执法人员上门检查相结合的工作模式，确保公共租赁住房运营中不存在骗取优惠政策等违法行为。

三是加强服务管理，主要是针对租赁型保障住房。建立健全住房租赁管理服务平台，将公共租赁住房、保障性租赁住房纳入平台，设计住房租赁合同“秒批”备案、住房租赁资金监管等功能，并定期对平台进行优化升级。

三、建立社会整体征信体系

一个完整的征信体系由信用体系、信用机构、信用产品、信用标准、信用平台等组成，包括信用管理过程中信用信息的收集、评估和应用。

一是建立个人征信系统，对保障对象在申请、购租、入住、使用、领取补贴等过程中的信用信息进行采集、评估和应用，使其完全网络化。对个人信用信息有异议的，可以提出申诉，要求及时核实和答复。个人信用评价记录作为家庭分配保障性住房的优先因素之一，应在住房供应类型、轮候时间、租金补贴等方面予以考虑。

二是进一步健全公开透明的住房保障管理体系，其准入、分配、管理、退出等规则和管理信息全程公开。进一步健全多部门联网的社会管理体系，建立共享互动、动态监管、实时更新的统一信用信息管理平台。

三是探索政府购买第三方机构提供的商业信用评价报告，提高行政效率，加强社会监督，市住房和城乡建设局通过购买服务的方式，聘请第三方信用机构在法律允许的范围内采集和评估个人信用信息。

第六节　健全住房保障法规制度

完善的住房保障制度是实现保障性住房高质量发展的根本保证，从市级层面建立健全住房保障法规制度，可以让政府以强制性手段合法、严肃、有针对性地管理和建设保障性住房，强化政府干预力度。

一、规范标准提升保障性住房建设品质

2022年，住房和城乡建设部办公厅发布了《关于加强保障性住房质量常见问题防治的通知》（建办保〔2022〕6号），提出围绕实现高质量发展的要求进一步提升保障性住房建设工程质量，保障人民群众切身利益。建议南宁市立足实际，在现行的规范制度基础上，充分研究群众反映的重点问题，制定南宁市保障性住房质量常见问题防治要点。

一是建议明确南宁市保障性住房工程质量常见问题防治的底线要求，重点检查室外迎水面是否防水，室内墙体是否隔声防噪、是否平整无开裂、是否渗漏等情况，并制定便于监督检查的技术要点。

二是建议严格履行法定的建设程序，建设单位对施工管理负首要责任，严禁违法发包，在招标、签订承包合同时明确出现质量等相关问题时

的维修、赔偿责任。施工单位应落实施工管理主体责任，严禁转包挂靠、违法分包，对出现的质量问题承担维修和赔偿责任。

三是建议实施质量安全重点监管，监理单位应严格履行监理职责，督促施工单位落实工程质量安全责任。组织开展多种形式的创优示范活动，切实提高工程质量安全水平。

四是提高保障性住房项目施工管理标准，重点做好屋顶、窗户、墙面的防水施工管控和相关预案，尽可能避开主汛期、雨季及严冬进行防水施工，制定出现问题的应急处理机制，切实把民生工程办实办好。

二、稳步推进“租购同权”政策

保障性住房中的租赁型保障住房最容易面临着“租购不同权”的问题。“两多一并”住房发展新制度要能够持续运转，除激励企业主体参与投资运营外，还需要让更多的居民愿意通过多种渠道来满足居住需求，而不是只能通过购买产权住房解决居住需求。2020年召开的中央经济工作会议再度提及“解决好大城市住房突出问题”，并明确提出了“逐步使租购住房在享受公共服务上具有同等权利”，即住房租购同权。随着“租购并举”的深入实施，南宁落地了第一个“租购同权”项目——北京大学南宁附属实验学校，“十四五”时期仍需稳步推进“租购同权”。

目前租购同权最重要、最难落实的权益是同片区孩子拥有同等上学的权利。目前，南宁市已经实现了对非户籍常住居民的子女在本地入学的安排，即通过电脑派位在区内多校划片安排入学，越来越多的外来租房居民子女能在义务教育阶段上公立学校。目前南宁市租房者面临的问题是排序落后于本学区的有房者，所以一般是统筹去较远的公立学校，难以实现真正意义上的优质学校的同权。为了保障租赁型保障房的居民拥有同等教育权利，参考不少地方以户籍迁入时间等要素进行上学排序，对租房上学也进行实际居住时间的积分制。建议南宁市采取租赁住房积分上学制度，要求租赁型保障住房租户申请子女就近上学时，必须实际居住在该学区，且每实际住满1个月可以加若干分，并拟进一步优化相关制度，同时通过学校定期家访、社区物业定期检查等方式，或结合社区网格化治理和大数据手段，动态核查实际居住情况。

此外，导致租购不同权的根源是公共服务与公共资源的均等化水平不足。因此，建议南宁市完善保障性住房的基础设施建设，如卫生、教育、交通、商业娱乐等提升获得感的公共服务设施，以及生活排水、电力燃气、供水、照明、绿化等基础生活设施，使得住户可以拥有良好的居住条件和环境，从而增强幸福感。努力实现租房者在教育、医疗等公共服务领域中的同等权益，并推出更多创新性的政策。

三、从顶层设计上推动职住平衡

目前，国务院已发布了《关于加快培育和发展住房租赁市场的若干意见》(国发办［2016］39号)、《关于进一步盘活存量资产扩大有效投资的意见》(国发办［2022］19号)等相关文件，允许将商业用房等按规定改建为租赁住房，同时也提出积极探索多种方式盘活保障性租赁住房等基础设施资产相关意见。未来，发展租赁型保障住房仍需以存量“非住改居”为主，这样既可以提高闲置资产的利用率，也可以满足“职住平衡”的需求。

重视住房保障政策的战略引导作用，从顶层设计入手，推动职住平衡。坚持产城融合发展，按照产业跟着功能走、人口跟着产业走、土地跟着人口和产业走的原则，统筹住房用地空间布局，提高供需匹配度，综合考虑城市人口增长和产业发展的需求关系，保持住宅用地与非住宅用地供给合理比例。建议对交通流量、地铁和公交刷卡记录等进行大数据分析，科学合理确定保障性住房的选址，建议对新市民、青年人的需求进行分析研判，在哪些区域需求量更大，就在哪些区域加大供给，全面增加就业集中地区周边住房的供给，根据人才就业的分布情况，发展建设保障性住房。按照交通先行，同步建设教育、卫生和文化等公共设施配套的思路来促进产城融合。

通过对南宁市各县（市、区）住房供需规模匹配、保障性住房配建，实施职住平衡政策引导，推动各类住房空间分布相对均衡，扩大保障性住房类型的选择空间，努力使大多数居民实现就近工作。将住房布局和成熟服务配套、公共交通站点紧密结合，推进以交通为导向（TOD）的开发模式，推动合理通勤时间内的职住平衡，最终实现在一定的物理空间里，劳动者和就业岗位数量尽量相近并互相匹配，即居民和企业员工数量大致平衡，促进宜居宜业。形成适量开发主城区，重点打造武鸣副城区、东部（伶俐—六景）产业新城、临空经济示范区和南部科创新城4个副城新城，优先开发轨道交通沿线区域，五县（市）尽量集约成片布局的住房空间格局。市辖区实现住宅用地和配套用地同步供应、同步开发，近郊城镇组团加快与产业类型相匹配的住房配建，尤其是对于“十四五”期间有重要产业布局的东部产业新城进一步加大居住用地供应，有效破解职住分离的问题。

附录1　南宁市住房保障工作大事记

1993年4月，南宁市为解决城市住房困难问题，开始建设第一个经济适用住房小区——明秀二区，于1994年向社会推出首期经济适用住房。

1995年，南宁市列入国家实施安居工程试点城市，市委、市人民政府将经济适用住房建设作为政府德政、民心工程开始实施国家安居工程建设。

1996年12月，南宁市经济适用住房建设发展中心成立，隶属于首府南宁住房制度改革领导小组办公室管理，负责经济适用住房建设管理工作。

2001年1月，时任中共中央政治局常委、国务院总理朱镕基视察新兴苑经济适用住房小区。

2003年，南宁市开始实施廉租住房保障，开始建设第一个廉租住房小区——龙翔苑保障房小区。

自2004年开始，南宁市委、市人民政府将经济适用住房项目建设列入南宁市为民办实事项目之一重点推进。

2005年11月9日，在2005年城市可持续发展南宁国际会议上，时任联合国副秘书长兼联合国人居署执行主席安娜·卡琼穆罗·蒂贝琼卡博士亲手给南宁市住房困难户发放经济适用住房钥匙。

2006年8月16日，在全区住房保障工作会议上，南宁市被授予2005年全区实施城镇居民安居工程一等奖。

2008年，南宁市开始发展限价普通商品住房，第一个限价普通商品住房项目是宁铁馨苑小区（定向），第一个面向社会的限价普通商品住房项目是龙凤首缘。

2010年，南宁市开始启动公共租赁住房建设，解决城镇中等偏下收入、新就业无房职工、外来务工人员等群体住房保障问题。第一个公共租赁住房项目是南宁市环卫公寓，该项目也是全国首个专门用来解决城市环卫工人住房保障的公共租赁住房项目。

2011年9月4日，出席亚洲政党专题会议的各国代表到新兴苑经济适用住房小区和友谊苑廉租住房小区考察，对南宁市在解决中低收入人群住房困难，推动公众参与社会公共事务等方面所做的工作表示赞赏。

2011年9月18日，时任中共中央政治局常委、中央纪委书记贺国强到南宁市视察梧桐苑廉租住房小区。

2011年，南宁市成为广西保障住房类型最齐全、覆盖面最大的城市，率先在全区搭建起一个包括廉租住房、经济适用住房、公共租赁住房、城市和国有工矿棚户区改造安置房、限价普通商品住房、农村危房改造、危旧房改房、拆迁安置房在内的多层次住房保障体系基本框架。

2013年5月，南宁市经济适用住房建设发展中心更名为南宁市保障住房资格审核和管理中心，负责住房保障对象资格审核及退出管理、保障性住房配售及售后管理、保障性住房需求状况调查等工作。南宁市房产物业管理处更名为南宁市保障住房建设管理服务中心，负责保障性住房（公共租赁住房）的建设、分配和后续管理等工作。

2014年，南宁市建立全市保障性住房项目库，加强保障性住房的动态管理和使用管理，建立健全退出机制，通过年审、抽查、限制房产登记等方式，使不再符合保障条件的家庭退出保障。

2015年，南宁市根据廉租住房和公共租赁住房并轨工作要求，制定新的管理办法，不再将财产纳入准入条件，适当降低收入门槛。

2016年，南宁市停止建设限价普通商品住房。

2016年，南宁市廉租住房和公共租赁住房正式并轨运行。

2017年11月，南宁市保障住房资格审核和管理中心荣获“全国文明单位”称号。

2017年，南宁市住房保障自助服务终端机在全区率先上线运营使用，住房保障家庭户只需刷身份证即可自助办理各项业务，“互联网 +”住房保障政务服务迈出关键一步。

2018年7月31日，南宁市通过购买服务方式将市区32个公共租赁住房小区5.2万套公共租赁住房移交给南宁城投集团运营管理。具体由南宁城投集团负责租赁合同签订、租金收缴、采购物业服务企业等运营管理工作。

2018年8月，南宁市启用了“一站式”保障住房服务大厅并开发建成公共租赁住房选房分配系统，为保障家庭现场选房签约提供一站式服务，一张身份证即可办理业务，选房到签订合同仅需半小时，实现群众“最多跑一次”的工作目标。

2019年3月，南宁市将市城乡建设委员会、市住房保障和房产管理局职能进行整合，组建市住房和城乡建设局，南宁市住房保障职能归属于市住房和城乡建设局。

2019年4月1日，经南宁市人民政府批准，即日起南宁市暂停经济适用住房资格申请。

2019年，南宁市将55302套公共租赁住房房源信息、81715条公共租赁住房保障家庭信息、80260条公共租赁住房分配信息整理共享上传至自治区住房和城乡建设厅住房保障信息系统，基本实现与住房和城乡建设部、自治区住房和城乡建设厅公共租赁住房信息系统联网工作。

2019年，南宁市因地制宜推进政府购买公共租赁住房服务试点工作，选择在仙葫苑公共租赁住房小区开展人脸识别单元门禁、智能入户门锁远程监控等智能化试点建设工作，该试点工作得到了住房和城乡建设部和财政部的肯定，并作为2019年9月10日在南宁召开的全国住房保障工作座谈会的参观考察点。

2020年4月，南宁市推出公共租赁住房“线上选房”模式，实现“线上报名、线上选房、线上签约”，办事群众通过手机或PC端即可办理从报名到入住全部手续，实现“零跑腿”，选房效率提升90%以上。

2020年，受新冠肺炎疫情影响，南宁市研究出台了疫情防控期间住房保障阶段性政策调整文件，给予参与疫情防控一线工作的医护、环卫、公交、物业、社区等住房保障家庭优先选房或减免3个月租金或一次性增发3个月租赁补贴等。同时落实对公共租赁住房非住宅的租金减免工作，协调帮助企业解决公共租赁住房申请及租金缓缴问题，帮助经营户渡难关，为企业加快复工复产提供支持。

2021年5月，南宁市保障住房资格审核和管理中心正式更名为南宁市住房保障发展中心，统一负责全市住房保障建设管理服务工作。

2021年5月，南宁市开始筹集保障性租赁住房，全年筹集目标任务为13930套（间），2021年市本级开工建设23个保障性租赁住房项目11151套（间），已建成项目9个、3894套（间），开工建设量走在全国前列，排名全国第四。

2021年9月17日，李克强总理到南宁市仙葫苑公共租赁住房小区考察，对南宁市公共租赁住房的建设管理做法给予了高度赞许，并作出肯定性批示，要求予以总结推广。

2021年9月25—27日，住房和城乡建设部会同国务院办公厅、国家发展改革委组成调研组，到南宁市调研公共租赁住房建设管理情况，总结南宁市发展小户型公共租赁住房解决新市民、青年人住房困难的经验，并誉称公租房“南宁经验”。

2021年，公共租赁住房“南宁经验”被市委推选为2021年度向自治区申请绩效考评“一票肯定”的项目，并获得自治区绩效考评“一票肯定”。

2021年，南宁市经济适用住房全线应用线上报名、线上选房，并创新采用滚动替补选房的方式，正常选房结束后随即可以让替补的轮候家庭按顺序参加选房，大大提高分房效率。

2022年6月9日，南宁市印发大力支持2022年度应届高校毕业生来邕、留邕就业创业十条措施，对于来邕、留邕的高校毕业生给予住房保障支持：对符合公共租赁住房、保障性租赁住房保障条件的应届高校毕业生，按规定安排公共租赁住房、保障性租赁住房、人才公寓。同时鼓励各县（市、区）人民政府、开发区管委会统筹现有住房给予应届高校毕业生住房保障优惠支持。

附录2 南宁市保障住房制度体系建设情况

房源类别	政策类别	政策文件名称	施行时间
综合类	综合类	南宁市人民政府关于实施城市低收入家庭住房保障工作的意见（南府发〔2008〕68号）	2008年10月7日
		南宁市住房保障和房产管理局关于下放住房保障相关管理权限的通知（南房〔2011〕175号）	2011年4月1日
		南宁市进一步加快保障性安居工程建设若干规定（南府办〔2011〕126号）	2011年5月31日
		南宁市人民政府关于2013年度城镇申请住房保障家庭收入标准及住房困难标准的通告（南府字〔2013〕12号）	2013年11月7日
		南宁市人民政府关于2015年度城镇申请住房保障家庭收入标准及住房困难标准的通告（南府字〔2015〕4号）	2015年8月18日
		南宁市“十三五”住房保障规划	2016年11月1日
廉租住房	专项类	南宁市廉租住房管理办法（南宁市人民政府令第7号）	2002年3月1日
		南宁市城镇廉租住房管理办法（南宁市人民政府令第44号）	2006年5月1日
		南宁市城镇廉租住房资金管理办法（南府办〔2006〕141号）	2006年5月1日
		南宁市廉租住房保障办法（南宁市人民政府令第21号）	2008年11月1日
		南宁市廉租住房保障资金管理试行办法（南府办〔2010〕79号）	2010年7月1日
	操作类	南宁市人民政府关于印发南宁市廉租住房实施方案的通知（南府发〔2003〕118号）	2003年8月25日

续表

房源类别	政策类别	政策文件名称	施行时间
廉租住房	操作类	南宁市城镇廉租住房租赁住房补贴发放管理若干规定（南府办〔2006〕151号）	2006年8月30日
		南宁市廉租住房保障工作细则（南解住办〔2008〕32号）	2008年11月3日
		关于《南宁市廉租住房保障工作细则》有关问题的补充通知（南解住办〔2008〕38号）	2008年11月28日
		关于《南宁市廉租住房保障工作细则》有关问题的补充通知（南解住办〔2009〕39号）	2009年9月22日
		南宁市廉租住房保障货币补贴发放管理若干规定（南府办〔2009〕301号）	2009年12月28日
		关于印发《南宁市廉租住房实物配租选房工作程序》的通知（南房〔2011〕100号）	2011年2月21日
		关于进一步规范廉租住房保障管理工作的通知（南房〔2011〕504号）	2011年8月25日
公共租赁住房	专项类	南宁市公共租赁住房管理暂行办法（南府发〔2012〕93号）	2012年10月15日
		南宁市公共租赁住房保障办法（南宁市人民政府令第44号）	2016年1月1日
		南宁市公共租赁住房保障办法（南宁市人民政府令第7号）	2018年2月1日
		南宁市住房保障发展中心关于印发《南宁市公共租赁住房验收移交规定》的通知（南住保〔2022〕40号）	2022年6月6日
	操作类	关于印发《南宁市公共租赁住房货币补贴发放操作规程》的通知（南房〔2016〕755号）	2016年11月1日
		关于南宁市乡镇公共租赁住房租金调减标准的通知（南房〔2018〕14号）	2018年10月1日
		南宁市人民政府关于公布公共租赁住房保障住房困难及货币补贴等标准的通告（南府规〔2019〕20号）	2019年7月10日

续表

房源类别	政策类别	政策文件名称	施行时间
公共租赁住房	操作类	南宁市住房和城乡建设局关于印发《南宁市公共租赁住房互换实施细则》的通知（南住建〔2019〕4号）	2019年11月1日
		关于印发《南宁市公共租赁住房物业服务费补贴实施细则》的通知（南住建规〔2019〕3号）	2019年12月1日
		南宁市住房和城乡建设局　南宁市财政局关于印发《南宁市城市低收入家庭和个人公共租赁住房货币补贴实施细则》的通知（南住建规〔2019〕12号）	2020年2月1日
		南宁市住房和城乡建设局关于印发《南宁市公共租赁住房实物配租实施细则》的通知（南住建规〔2019〕11号）	2020年2月1日
		南宁市住房和城乡建设局关于印发《南宁市用人单位集中申请公共租赁住房实物配租资格审核实施细则（试行）》的通知（南住建规〔2019〕10号）	2020年2月1日
		南宁市住房和城乡建设局关于印发《南宁市非城市低收入家庭和个人申请公共租赁住房实物配租资格审核实施细则》的通知（南住建规〔2019〕9号）	2020年2月1日
		南宁市住房和城乡建设局关于印发《南宁市公共租赁住房租金核减实施细则》的通知（南住建规〔2019〕7号）	2020年2月1日
		南宁市住房和城乡建设局关于开展2020年南宁市本级非低收入家庭和个人公共租赁住房货币补贴预受理预审核工作有关事项的通知（南住建〔2020〕442号）	2020年10月22日
		南宁市住房和城乡建设局　南宁市财政局关于做好南宁市公共租赁住房货币补贴保障工作的通知（南住建规〔2020〕6号）	2020年11月26日

续表

房源类别	政策类别	政策文件名称	施行时间
经济适用住房	专项类	南宁市经济适用住房建设管理办法（南府发〔1995〕79号）	1995年5月26日
		南宁市国家安居工程住房销（预）售办法（南宁市人民政府令第6号）	1996年5月28日
		南宁市经济适用住房项目招投标暂行办法（南府发〔2004〕108号）	2004年12月2日
		南宁市经济适用住房管理暂行办法（南府发〔2004〕109号）	2004年12月2日
		南宁市经济适用住房管理办法（南府发〔2009〕70号）	2009年9月1日
		南宁市经济适用住房管理办法（南宁市人民政府令第43号）	2015年12月1日
		南宁市人民政府关于修改《南宁市经济适用住房管理办法》的决定（南宁市人民政府令第16号）	2020年3月1日
		南宁市人民政府关于废止和修改部分政府规章的决定（南宁市人民政府令第2号）	2021年12月23日
	操作类	市人民政府关于减免国家安居工程有关费用的通知（南府发〔1995〕35号）	1995年3月6日
		市人民政府关于加强对我市经济适用住房建设项目管理的通知（南府发〔1999〕61号）	1999年7月28日
		关于确定2001、2002年度经济适用住房指导价格的通知（南价〔2002〕77号）	2002年9月27日
		南宁市人民政府关于驻邕各部队军转干部购买经济适用住房问题的函（南府函〔2003〕39号）	2003年6月25日
		关于2003、2004年度延用2001、2002年度经济适用住房指导价格、超标市场价格的通知（南价发〔2003〕第70号）	2003年12月13日

续表

房源类别	政策类别	政策文件名称	施行时间
经济适用住房	操作类	南宁市人民政府关于印发《南宁市经济适用住房项目评标实施细则》的通知（南府办〔2004〕228号）	2004年12月2日
		南宁市人民政府关于印发《南宁市经济适用住房销（预）售管理实施方案》的通知（南府发〔2005〕82号）	2005年7月6日
		关于南宁市2005—2007年度经济适用住房指导价格的通知（南价格〔2006〕219号）	2006年8月28日
		关于南宁市2005—2007年度经济适用住房指导价格中征地和拆迁补偿费的公告（南价格〔2007〕137号）	2007年6月8日
		南宁市人民政府关于印发经济适用住房货币补贴实施方案的通知（南府发〔2009〕79号）	2009年10月1日
		关于印发《南宁市经济适用住房超标面积差价款预收及结算管理工作程序》的通知（南房〔2010〕151号）	2010年4月16日
		南宁市人民政府关于规范经济适用住房管理的通知（南府发〔2010〕66号）	2010年11月22日
		关于印发《南宁市经济适用住房回购工作程序》的通知（南房〔2013〕245号）	2013年4月28日
		关于印发《南宁市经济适用住房上市交易、转完全产权工作程序》的通知（南房〔2013〕253号）	2013年5月3日
限价商品住房	专项类	南宁市限价普通商品住房管理暂行办法（南府发〔2009〕61号）	2009年6月9日
		南宁市人民政府关于规范限价普通商品住房销售及权属管理的通知（南府发〔2012〕79号）	2012年11月1日

续表

房源类别	政策类别	政策文件名称	施行时间
限价商品住房	操作类	南宁市限价普通商品住房管理办法（南府发〔2013〕46号）	2013年9月24日
		关于印发南宁市限价普通商品住房摇号、选房规程的通知（南房〔2014〕236号）	2014年4月28日
保障性租赁住房	专项类	南宁市住房租赁试点项目入库认定指南（试行）(南租赁办〔2021〕12号附件）	2021年6月9日
		南宁市人民政府办公室关于印发南宁市加快发展保障性租赁住房实施方案的通知（南府办函〔2022〕177号）	2022年7月29日
南宁市各类保障性住房政策文件共63份，其中综合类政策文件6份，专项类政策文件共22份，操作类政策文件共35份。廉租住房13份：专项类5份、操作类8份。公共租赁住房16份：专项类4份、操作类12份。经济适用住房22份：专项类8份、操作类14份。限价商品住房4份：专项类3份、操作类1份。保障性租赁住房2份：专项类2份			

附录3　南宁市困难群众和特殊群体住房调查情况

一、调查基本情况

（一）调查范围

本次调查范围为中心城区范围以内的8个区，以6大城区行政边界线为界，包括兴宁区、江南区、青秀区、西乡塘区、邕宁区、良庆区等6个城区及高新区、经开区等2个开发区。

（二）调查对象

本次调查对象分为南宁市本级城市困难群众和南宁市本级特殊群体两大类，具体见附表3–1。

1. 南宁市本级城市困难群众

南宁市本级城市困难群众主要包含低保对象、低收入家庭、特困人员等人群，即分为低保、低保边缘、特困三类。

2. 南宁市本级特殊群体

本次调查中的南宁市本级特殊群体主要指具有南宁市城乡居民户籍且在南宁市行政区域内领取定期抚恤金或者定期定量补助的退出现役的残疾军人、烈士遗属、因公牺牲军人遗属、病故军人遗属、红军失散人员、在乡复员军人、带病回乡退伍军人、参战（参核）退役人员，统称“优抚对象”。

附表3–1　调查对象类别及数量

<table>
<tr><th>序号</th><th colspan="2">类别</th><th>数量（人）</th></tr>
<tr><td rowspan="3">1</td><td rowspan="3">南宁市本级城市困难群众</td><td>低保</td><td>19981</td></tr>
<tr><td>低保边缘</td><td>537</td></tr>
<tr><td>特困</td><td>987</td></tr>
<tr><td>2</td><td>南宁市本级特殊群体</td><td>优抚对象</td><td>5762</td></tr>
</table>

（三）调查内容

调查内容主要分为基本信息、现状住房情况、生活水平、住房保障意愿4大类。

1. 基本信息

包括调查对象的户主姓名、成员姓名、身份证号、住址、户籍所在地、所属行政区域、家庭类别等。

2. 现状住房情况

包括名下有无房产、现状住房来源、现状住房面积、现状户型、享受住房保障情况等。

3. 生活水平

包括个人健康状况、受教育程度、职业、工作地址、通勤时长、子女上学时间、周边配套设施情况、月收入水平等。

4. 住房保障意愿

包括公共租赁住房政策了解情况、是否有申请公共租赁住房保障的意愿、申请保障的方式、期望的保障水平等。

（四）调查方式

调查方式主要采取电话抽样、入户抽样、后台信息核对相结合的方式。

二、调查对象基本信息和社会生活情况

（一）调查对象分布情况

按家庭成员实际居住地址进行统计分析，调查对象共27267人（17028户），分布在6个城区（含经开区和高新区）行政边界线空间范围内，其中西乡塘区、青秀区的人数最多。具体空间分见附表3-2。

附表3-2　各城区调查对象分布统计表

序号	城区	数量（人）
1	兴宁区	2586
2	江南区	4139
3	青秀区	5957
4	西乡塘区	8421
5	邕宁区	1710
6	良庆区	3354
7	高新区	308
8	经开区	792
总计		27267

（二）调查对象生活现状

1. 健康状况

本次调查将调查对象的健康状况分为3个等级：健康、良好以及较差。其中，健康占比35%，良好占比24%，较差占比41%。

2. 受教育程度

本次调查将调查对象的受教育程度分为3个等级：初等及以下教育、中等教育、高等及以上教育。其中，初等及以下占比63%，中等25%，高等及以上12%。

3. 就业情况

本次调查对象中大部分为无业人员，占66%，学生占12%，就业仅占22%，且大多数为自由职业、物业、后勤等劳动密集且收入不高的职业。

（三）调查对象对保障性住房政策的了解情况

本次调查表明：调查对象均已对保障性住房政策有所了解，保障性住房相关政策已得到了全面宣传普及。

三、调查对象现住房情况

（一）调查对象名下房产情况

本次调查共收集17028户（27267人）南宁市本级城镇困难群众和特殊群体住房信息，数据显示：名下无房产家庭2937户，占比总户数17.2%；有房产家庭14091户，占比总数户82.8%。名下无房产家庭住房情况详见附表3–3。

附表3–3　名下无房产家庭住房情况

序号	住房类型	数量（户）
1	租房	955
2	单位宿舍	492
3	学校宿舍	26
4	养老院	182
5	医院	267
6	精神病院	22
7	借住亲友家	702
8	公共租赁住房	34
9	已不在南宁生活居住	257

（二）调查对象现居住地分布情况

1. 调查对象现居住地数量

调查数据显示：调查对象现状居住地数量分布上呈现出东西多、南北少的特征，其中西乡塘区和青秀区居住地数量最多，经济技术开发区和高新技术开发区数量最少。

2. 调查对象现居住地密度

调查对象空间分布主要呈现出“大聚集，小分散”的特征，即大部分困难群众主要集中于老城区，分布密度最高的区域为西乡塘区新阳街道，其次为兴宁区朝阳街道、青秀区新竹街道；少量聚居于青秀区南湖街道、良庆区大沙田街道、邕宁区蒲庙街道和江南区福建园街道。

（三）调查对象现居住地设施配套情况

按照《城市居住区规划设计标准》（GB50180—2018）生活圈居住区营造的相关要求，对调查对象现状住房周边的教育设施、医疗设施、商业服务设施、交通设施等4类配套设施进行可达性分析。分析结果显示：

（1）主城区范围内的上述配套设施呈现出西北多、东南少的特征。

（2）调查对象现居住地设施覆盖率一般，约97.7%的调查对象现居住地周边至少一类设施可达性良好。但同时，上述4类生活配套设施可达性均满足相关要求的现居住地较少，仅有15.2%，这说明调查对象现居住地周边仍存在生活配套设施供给不平衡、不充分的问题。

（3）从设施种类上看，公交地铁站、中型以上农贸商超和初中的可达性较好，服务半径对现状住房的覆盖度分别达96.2%、93.8%和88.7%；但幼儿园、小学和卫生服务中心（含综合医院及社区医院）的可达性一般，分别为75.5%、71.8%、65.7%。

（四）调查对象现居住房屋类型

将调查对象现居房屋类型分为小区商品住房、单位集体宿舍、自建房、其他。房屋类型占比见附表3-4。

附表3-4　调查对象现居住房屋类型

序号	房屋类型	比例（%）
1	商品住房	50
2	单位集体宿舍	34
3	自建房	13
4	其他	3

（五）调查对象现住房户型

将住房户型分为单间配套、一房一厅、二房一厅、三房一厅、三房两厅、其他。户型占比见附表3-5。

附表3-5　调查对象现居住房屋户型占比

序号	户型	比例（%）
1	单间配套	7
2	一房一厅	3
3	二房一厅	67
4	三房一厅	3
5	三房两厅	3
6	其他	17

四、调查对象住房保障情况

（一）调查对象住房保障需求情况

1. 住房保障资格需求情况

经过调查，本次17028户调查对象中，不满足公共租赁住房保障申请条件15700户，满足公共租赁住房保障申请条件1328户。

满足公共租赁住房保障申请条件家庭，其中无意愿申请公共租赁住房保障915户，正在申请公共租赁住房保障135户，有意愿申请公共租赁住房保障278户（实物配租208户、货币补贴70户）。

2. 实物配租需求情况

（1）意向配租城区及户型。

有意愿申请实物配租的人员共208户。其中，有意愿申请西乡塘区实物配租的调查对象最多。意向配租城区及户型情况见附表3-6。

附表3-6　各城区实物配租户型意向一览表

单位：户

序号	城区	单间配套	一房一厅	二房一厅	合计
1	兴宁区	6	—	—	6
2	江南区	23	—	—	23
3	青秀区	69	—	—	69
4	西乡塘区	85	—	—	85
5	邕宁区	5	—	—	5
6	良庆区	14	—	—	14
7	高新区	4	—	—	4
8	经开区	2	—	—	2
总计		208	—	—	208

（2）周边配套设施需求。

有意向实物配租家庭对学校需求的最多，其次为医院。对商圈需求的户数最少，因菜市、学校、医院、地铁、商圈均为日常生活需求配套设施，总体需求比例相差不大。

（3）实物配租期望租金。

调查对象期望租金为200~400元占比86%，400~600元占比13%，600元以上占比1%。

3. 货币补贴需求情况

有意愿申请公共租赁住房货币补贴的困难群众及特殊群体期望200~300元占比61%，100~200元占比30%，100元以下占比9%。

（二）调查对象实物配租供给现状

1. 实物配租资格获得情况

调查数据显示：2018—2020年获得实物配租资格的困难群众和特殊群体的数量逐年上升，2020年获得实物配租资格的困难群众和特殊群体户数达2465户，2021年略有回落，2022年数量上升明显，达3946户，具体见附表3-7。

附表3-7　2018—2022年获得实物配租资格情况一览表

序号	年份	数量（户）
1	2018年	1900
2	2019年	2356
3	2020年	2465
4	2021年	2110
5	2022年	3946

2. 实物配租房源供给数量情况

（1）已建成公共租赁住房房源供给情况。

截至2022年10月，南宁市共建设公共租赁住房小区38处，房源数量为59314套，可分配套数共59247套，其中由政府投资建设的公共租赁住房小区共32个，包含房源数量50982套。经核查，予以优先配租的A类低收入家庭共8542户（包含本次调查对象中正在享受公共租赁住房实物配租的2169户），占政府投资建设公共租赁住房总套数的16.8%，小于政策供给的50%的上限。这表明，南宁市用以优先保障特殊困难群体的房源数量充足。

（2）在建公共租赁住房情况。

根据南宁市人民政府公布数据，目前南宁市主城区在建公共租赁住房项目12个，套数为6900套，建筑面积30.32万平方米。2022年公共租赁住房计划交付房源数量1010套，根据50%房源指标优先供给困难群众的原则，可为调查对象优先分配505套，为2022年新增困难群众和特殊群体提供了充足的房源保障。附表3–8为2022年南宁市公共租赁住房在建项目一览表。

附表3–8　2022年南宁市公共租赁住房在建项目一览表

序号	城区	公共租赁住房套数（套）	建筑面积（万平方米）
1	江南区	606	2.98
2	青秀区	2845	11.52
3	西乡塘区	236	1.18
4	邕宁区	1035	4.73
5	良庆区	1408	6.22
6	经开区	770	3.69
总计		6900	30.32

3. 实物配租小区空间分布情况

经调查，目前已建成公共租赁住房小区选址与调查对象的分布数量和位置匹配度较好，空间分布均衡。由前文统计数据可知：青秀区、西乡塘区、兴宁区和江南区困难群众和特殊群体人数较多，经开区、邕宁区、良庆区困难群众数量较少。而从各城区公共租赁住房小区建设数量上看：江南区和兴宁区各建设了7个公共租赁住房小区，西乡塘区、经开区和青秀区各建设6个公共租赁住房小区，高新区建设了3个公共租赁住房小区，邕宁区建设了2个公共租赁住房小区，良庆区建设了1个公共租赁住房小区。通过就近配套建设对应数量的公共租赁住房小区，较好地满足了困难群众和特殊群体的实物配租需求。

4. 实物配租户型供给情况

截至2022年10月，由政府投资建设的32个小区已建成公共租赁住房户型中，户型建筑面积30平方米左右的单间配套占比50%，40平方米左右的一房一厅占比32%，50平方米左右的二房一厅占比18%，形成了以30平方米左右的单间配套为主体，40平方米的一房一厅、50平方米的二房一厅为补充的公共租赁住房供应格局（附表3-9）。经查，在已享受实物配租的调查对象中，37%居住单间配套，39%居住一房一厅，24%居住二房一厅，与已建成公共租赁住房户型结构基本一致。

附表3-9　截至2022年10月南宁市公共租赁住房户型供给情况一览表

序号	户型	面积（平方米）	数量（套）	占比（%）
1	单间配套	30	25556	50
2	一房一厅	40	16404	32
3	二房一厅	50	9022	18

经核查，截至2022年10月，共有5931户调查对象正在享受公共租赁

住房保障，其中2169户正在享受实物配租，见附表3-10。

附表3-10　调查对象正享受实物配租分配表

单位：户

序号	困难群众类别	户型			合计
		单间配套	一房一厅	二房一厅	
1	低保边缘	260	251	173	684
2	低保	488	570	332	1390
3	特困	48	36	11	95

5. 周边配套设施供给情况

本次调查对公共租赁住房周边的商业、医疗、教育、交通、休闲、综合管理服务等6个大类，菜市场或中型以上商超、银行、综合医院或社区医院、初中、小学、幼儿园、公交站或地铁站、公园或广场与室外活动场地、物业管理、公共厕所、生活垃圾分类收集点、社区服务中心、邮政设施（含快递网点）等13个小类配套设施进行覆盖率分析。南宁市现有公共租赁住房小区共38个，其中由政府投资建设的公共租赁住房小区32个。本次调查以由政府投资建设的公共租赁住房小区为调查对象，调查结果见附表3-11。

附表3-11　公共租赁住房小区周边配套设施覆盖率一览表

设施类型	设施名称	覆盖小区数量（个）	覆盖率（%）
商业	菜市场或中型以上商超	32	100
	银行	31	96.8
医疗	综合医院或社区医院	32	100
教育	初中	32	100
	小学	31	96.8
	幼儿园	32	100

续表

设施类型	设施名称	覆盖小区数量（个）	覆盖率（%）
交通	公交站或地铁站	32	100%
休闲	公园或广场与室外活动场地	32	100%
综合管理服务	物业管理	32	100%
	公共厕所	32	100%
	生活垃圾分类收集点	32	100%
	社区服务中心	31	96.8%
	邮政设施（含快递网点）	32	100%

（三）调查对象货币补贴供给现状

1. 货币补贴资格获得情况

调查数据显示，2018—2022年获得货币补贴资格的困难群众和特殊群体数量呈先下降后上升的趋势。2022年获得货币补贴资格的困难群众和特殊群体户数最多，达3771户，其中，城市低收入人群获得货币补贴资格占比最高。2018—2022年货币补贴资格获得数量具体见附表3-12。

附表3-12　2018—2022年货币补贴资格获得情况统计表

年份	数量（户）
2018年	3705
2019年	3142
2020年	3013
2021年	3727
2022年	3771

2. 货币补贴享受情况

经核查，截至2022年10月，调查对象中共有5931户正在享受公共租赁住房保障，其中3222户正在享受货币补贴，补贴情况见附表3-13。

附表3-13　货币补贴情况统计表

单位：户

类别	100元以下	100~200元	200元以上
低保	10	611	1269
低保边缘	7	699	586
特困	—	39	1
合计	17	1349	1856

五、调查对象住房保障需求匹配情况

（一）实物配租供需匹配分析

南宁市公共租赁住房管理系统数据显示，2022年10月南宁市进入轮候序列的公共租赁住房总套数为1500套，具体情况见附表3-14。

附表3-14　2022年10月南宁市公共租赁住房轮候情况

单位：套

序号	城区	户型			合计
		单间配套	一房一厅	二房一厅	
1	兴宁区	74	12	4	90
2	江南区	115	14	8	137
3	青秀区	547	182	35	764
4	西乡塘区	28	18	1	47
5	邕宁区	291	13	3	307
6	良庆区	29	31	10	70

续表

序号	城区	户型			合计
		单间配套	一房一厅	二房一厅	
7	高新区	36	20	6	62
8	经开区	—	8	15	23
合计		1120	298	82	1500

经统计，各城区轮候套数均能满足本城区意向家庭的需求，但西乡塘区、经开区的单间配套户型数量存在一定缺口，需要通过城区内其他户型或跨城区同类户型予以调剂，或通过货币补贴方式予以解决。各城区调查对象家庭公共租赁住房房源供需匹配情况见附表3–15。

附表3–15　南宁市各城区调查对象家庭公共租赁住房房源供需匹配情况表

单位：套

城区	户型	供给套数	需求套数	剩余套数
兴宁区	单间配套	74	26	48
	一房一厅	12	—	12
	二房一厅	4	—	4
	合计	90	26	64
江南区	单间配套	115	43	72
	一房一厅	14	—	14
	二房一厅	8	—	8
	合计	137	43	94
青秀区	单间配套	547	59	488
	一房一厅	182	—	182
	二房一厅	35	—	35
	合计	764	59	705

续表

城区	户型	供给套数	需求套数	剩余套数
西乡塘区	单间配套	28	45	-17
	一房一厅	18	—	18
	二房一厅	1	—	1
	合计	47	45	2
邕宁区	单间配套	291	5	286
	一房一厅	13	—	13
	二房一厅	3	—	3
	合计	307	5	302
良庆区	单间配套	29	14	15
	一房一厅	31	—	31
	二房一厅	10	—	10
	合计	70	14	56
经开区	单间配套	0	2	-2
	一房一厅	8	—	8
	二房一厅	15	—	15
	合计	23	2	21
高新区	单间配套	36	14	22
	一房一厅	20	—	20
	二房一厅	6	—	6
	合计	62	14	48
总计		1500	208	1292

注：负数表示需求套数大于供给套数。

各城区户型供给与困难群众及特殊群体需求对比情况如下。

根据本次调查结束时南宁市公共租赁住房管理系统统计数据，青秀区供给公共租赁住房764套，调查对象需求总量为59套，公共租赁住房供给数量可覆盖需求总量。从户型供需情况上看，各类户型的供给数量均能满足调查对象需求。

兴宁区供给公共租赁住房90套，调查对象需求总量为26套，公共租赁住房供给数量可覆盖需求总量。从户型供需情况上看，各类户型的供给数量均能满足调查对象需求。

西乡塘区供给公共租赁住房47套，调查对象需求总量为45套，公共租赁住房供给数量可覆盖需求总量。从户型供需情况上看，除单间配套户型未能满足需求（供给28套，需求45套）外，其余供给户型数量均能满足当前需求。

江南区供给公共租赁住房137套，调查对象需求总量为42套，公共租赁住房供给数量可覆盖需求总量。从户型供需情况上看，各类户型的供给数量均能满足调查对象需求。

良庆区供给公共租赁住房70套，调查对象需求总量为14套，公共租赁住房供给数量可覆盖需求总量。从户型供需情况上看，各类户型的供给数量均能满足调查对象需求。

邕宁区供给公共租赁住房307套，调查对象需求总量为5套，公共租赁住房供给数量可覆盖需求总量。从户型供需情况上看，各类户型的供给数量均能满足调查对象需求。

高新区供给公共租赁住房62套，调查对象需求总量为14套，公共租赁住房供给数量可覆盖需求总量。从户型供需情况上看，各类户型的供给数量均能满足调查对象需求。

经开区供给公共租赁住房23套，调查对象需求总量为2套，公共租赁住房供给数量可覆盖需求总量。从户型供需情况上看，除单间配套户型

（供给0套，需求2套）外，其余户型的供给数量均能满足调查对象需求。

（二）货币补贴供需匹配分析

依据调查分析数据，南宁市目前正在享受货币补贴的调查对象家庭共3222户已享受货币补贴，占南宁市货币补贴享受家庭及个人总数的48%。同时依据南宁市人民政府公布的相关数据，南宁市今年计划发放货币补贴8000户，则预计可覆盖3840户调查对象家庭。经核实，2022年符合条件且有意愿申请公共租赁住房货币补贴的调查对象户数为70户，因此可以预见2022年新增困难群众和特殊群体的货币补贴需求将得到较好解决。

参考文献

［1］胡子健．中国保障性住房政策演进历程与改进思路［D］．长春：吉林大学，2016.

［2］胡川宁．住房保障法律制度研究［D］．重庆：西南政法大学，2014.

［3］滕晓浩．城市低收入人群住房保障制度研究［D］．武汉：武汉大学，2005.

［4］严志忠．完善我国城市住房保障的财政政策研究［D］．苏州：苏州大学，2010.

［5］王翠兰．房地产市场行政调控中地方政府行为研究［D］．武汉：华中科技大学，2010.

［6］何小钢，陈行龙，聂爱云．住房市场需求结构演进与需求调控管理——基于改革开放以来住房制度改革视角的分析［J］．江西社会科学，2009（2）：193–199.

［7］高阳，张静．我国城镇廉租住房制度构建的理论依据与现实基础［J］．西南民族大学学报（人文社科版），2003（10）：45–49.

［8］赵公博．我国城镇住房制度改革的对策研究［D］．哈尔滨：黑龙江大学，2011.

［9］倪虹．以发展保障性租赁住房为突破口破解大城市住房突出问题［J］．行政管理改革，2021（9）：44–49.

［10］况伟大．中国保障性租赁房政策含义及其影响［J］．人民论坛，2021（26）：78–82.

［11］张千红．福州市经济适用住房政府管理问题研究［D］．重庆：重庆大学，2008.

［12］彭聪．保障功能视角下中国住房公积金管理模式改革研究［D］．武

汉：武汉大学，2017.
[13] 张伟 . 我国住房救助法的定位与构造 [D]. 宁波：宁波大学，2011.
[14] 戴骏 . 完善中国住房保障的研究 [D]. 上海：复旦大学，2013.
[15] 高泽敏 . 住房保障视角下农民工住房问题探究 [D]. 昆明：云南大学，2014.
[16] 梁城城 . 我国城镇住房保障体系发展脉络与政策建议 [J]. 中国国情国力，2022（8）：63-68.
[17] 欧阳婉毅 . 我国住房保障制度研究及美国经验借鉴 [D]. 武汉：武汉科技大学，2009.
[18] 王永玲 . 城市保障性住房管理信息系统构建研究 [D]. 沈阳：沈阳建筑大学，2011.
[19] 张霞飞 . 中国城市公共住房制度改革中的居住空间整合逻辑及效应研究 [D]. 济南：山东大学，2021.
[20] 滑莹 . 如何完善我国住房保障制度的探索性研究 [D]. 上海：上海师范大学，2008.
[21] 杨阳 . 深圳市城市更新绩效分析与反思 [D]. 深圳：深圳大学，2018.
[22] 蒋毅方 . 南宁廉租住房建设现状分析与对策 [D]. 南宁：广西大学，2013.
[23] 本刊 . 加快发展保障性租赁住房促进大城市住房困难群体实现“安居梦”——专访住房和城乡建设部住房保障司司长曹金彪 [J]. 城乡建设，2021（15）：6-13.
[24] 我国加快发展保障性租赁住房 [J]. 资源与人居环境，2021（7）：9-11.
[25] 卢清建，庞照 . 广西南宁市对住房保障工作严格问责 [N]. 中国财经报，2011-06-21（3）.
[26] 赵白执南 . 国务院办公厅：进一步加强保障性租赁住房金融支持

［N］. 中国证券报，2021-07-03（A2）.

［27］尹海明 . 打造公租房“南宁样本”让困难群体圆“安居梦”［N］. 南宁日报，2022-08-24（1）.

［28］尹海明，黄春露 . 南宁市创新构建多层次住房保障体系［N］. 南宁日报，2021-10-09（1）.

［29］郝媛，王继峰，于鹏，等 . 从阶层、空间、交通互动视角解读交通规划［J］. 城市交通，2021，19（1）：29-38，57.

［30］王煜霞 . 公租房租金核减后最低月租不少于 1 元［N］. 南宁日报，2016-08-16（2）.

［31］陈飞燕 . 申请保障性租赁住房不设收入线条件［N］. 中国建设报，2021-12-28（5）.

［32］尹海明 . 着眼民生绘新图　城乡建设展新姿［N］. 南宁日报，2020-12-24（4）.

［33］梁城城 . 我国城镇住房保障体系发展脉络与政策建议［J］. 中国国情国力，2022（8）：63-68.

［34］吴军 . 全面贯彻新发展理念融入新发展格局　为首府高质量发展作出横州贡献［N］. 南宁日报，2022-03-16（1）.

［35］胡祖才 . 完善新型城镇化战略　提升城镇化发展质量［J］. 宏观经济管理，2021（11）：1-3，14.

［36］毕天云 .“七有”：中国特色社会主义新时代的福利理想［J］. 学术探索，2018（11）：62-68.

［37］姚健 . 住房财富与劳动参与决策：基于 CFPS 数据的分析［J］. 经济与管理评论，2021，37（1）：77-88.

［38］王亚男，张长青 . 发达国家住房保障制度的启示［J］. 理论导报，2013（10）：41.

［39］徐滕斐 . 新形势下我国城镇住房保障体系的渐进式改革研究［D］. 青岛：中国海洋大学，2015.

[40] 吴海清.我国住房保障法律制度问题研究[D].哈尔滨：东北林业大学，2018.

[41] 李远方.增加供给各地推进保障性住房建设[N].中国商报，2022-01-05(3).

[42] 郭伟明.住房保障个人信用体系建设[J].中国房地产，2015(10)：61-64.

[43] 窦春晖.保障性住房准入、退出机制在实践中的运用[J].住宅与房地产，2019(33)：11.

[44] 窦春晖.关于保障性住房准入退出机制的思考[J].西部财会，2019(12)：71-72.

[45] 陈诗华，张文瑞，高佳慧，等.我国住房保障政策的现状及优化建议[J].住宅与房地产，2020(18)：1.

[46] 吴奇.安徽将推动保障性住房公平善用[N].合肥晚报，2021-01-12(A03).

[47] 深圳市住房和建设局.深圳市：加快发展保障性租赁住房 努力缓解新市民青年人等群体住房困难[J].城乡建设，2022(18)：29-31.

[48] KEWLEY T H. The beveridge report.* [J]. Australian Journal of Public Administration，1943，4(16).

[49] KEYNES J M. The ceneral theory of employment, interest and money[J]. Foreign affairs (Counil on foreign relation)，1936，7(5).

[50] GE S L，YANG X Z，ZHANG C，et al. Heterogeneity of public services，gender identity，and the spatial allocation of real estate [J]. Finance Research Letters，2023，52(3)：103551.

[51] PÉREZ S I, MORAL-RUBIO S, CRIADO R. Combining multiplex networks and time series：a new way to optimize real estate forecasting in New York using cab rides [J]. Physica A：Statistical Mechanics and its

Applications，2023，609（1）：128306.

[52] LIU S，QIU M M，ZHANG S Y. Customer concentration and corporate real estate holdings [J]. The Journal of Real Estate Finance and Economics，202165，492–523.

[53] AMBROSE B W，SHEN L. Past experiences and investment decisions: evidence from real estate markets [J]. The Journal of Real Estate Finance and Economics，2023，66：300–326.

[54] FABOZZI F J，KYNIGAKIS I，PANOPOULOU E，et al. Detecting bubbles in the US and UK real estate markets [J]. The Journal of Real Estate Finance and Economics，2019，60：469–513.

[55] ZHENG S Q，ZHANG Y J. Location patterns of social indemnificatory housing：theories，international practices and the reality in china [J]. Modern Urban Research，2010，25（9）：18–22.

[56] WANG D N，TANG X L，JIN X K，et al. Site selection of indemnificatory housing：a case study of Nanjing in Jiangsu province [J]. City Planning Review，2010，3：57–61.

[57] CHEN J. The provision and financing of social indemnificatory housing in China：retrospect and prospect [J]. Modern Urban Research，2010，9：13–17.

[58] GUO D，LI J，WANG Z. Research on spatial distribution characteristics of indemnificatory housing in Nanjing and optimizing Strategies [J]. Modern Urban Research，2011，26（3）：83–88.

[59] ZHANG S T，LUO X G. Game analysis of the indemnificatory housing supply [J]. Journal of Engineering Management，2010，24（5）：568–573.

[60] CHENG Z，XIAO Y. The site selection research of China's indemnificatory housing [J]. Planners，2015，31（S1）：254–259.

[61] ZHANG J X, LI A. Research on the construction of indemnificatory housing and Its social-spatial effects: case study of typical settlements in Nanjing [J]. Urban Planning International, 2013, 1: 87-93.

后 记

这本书自2019年就开始撰写工作，历时2年多，终于在2022年11月底完成。在这过程中，作者结合自身工作进行了大量的实地调研，深入刚需群体进行调查，邀请了住房保障住户、住房保障需求人士、调查公司、从事住房保障研究及工作的专业人士开展座谈会，倾听各界人士的意见。还多次赴上海市、杭州市、成都市、昆明市等多地进行调研，学习兄弟城市住房保障工作的先进经验，掌握了丰富的第一手资料。由于是工作之余做的研究工作，我们深深体会到了研究工作的艰辛。幸运的是，在研究过程中，我们得到了南宁市住房和城乡建设局的大力支持，宁世朝局长担任本书总顾问，梁航琳副局长担任顾问，他们对本书在研究和撰写过程中给予了大力支持和指导，广西社会科学院有关专家也对本书稿提出了宝贵的修改意见，对完善书稿具有重要作用，南宁市勘测设计院集团有限公司的朱俊成、林张立、韦文俊、沈晨成也给我们提供了宝贵的建议，在此一并表示衷心感谢！

我们还要感谢南宁市住房保障发展中心的欧禄利、王玉宇、郝佳琳、陆冬梅、李家成、覃思思、凌金德、零珊钰、滕方琼、潘蕊、韦江婷、黄丹彤等同志，他们利用工作闲余时间帮助搜集整理了资料，极大丰富了本书的内容，使本书增色不少。

这本书是集体智慧的结晶。虽已尽力而为，但限于作者的知识、经验之不足，仍可能存在各种问题，恳请各部门领导、各位专家学者批评指正。